EMPRESA ESTIMULANTE, EQUIPE ATUANTE

Dennis W. Bakke

EMPRESA ESTIMULANTE, EQUIPE ATUANTE

Como criar um ambiente de trabalho mais feliz, com resultados mais lucrativos

Tradução:
Bete Torii

Editora Gente

Editora
Rosely M. Boschini

Assistente editorial
Rosângela Barbosa

Capa
W-design

Projeto gráfico
Marcelo S. Almeida

Copidesque
Renata Carraro
Bernadete Toneto

Revisão
Jô de Melo

Diagramação
Join Bureau

Impressão
Paulus Gráfica

Título original: Joy at work

Rua Pedro Soares de Almeida, 114
São Paulo, SP - CEP 05029-030
Telefone: (11) 3670-2500
Site: http://www.editoragente.com.br
E-mail: gente@editoragente.com.br

Dados Internacionais de Catalogação na Publicação (CIP)
(Câmara Brasileira do Livro, SP, Brasil)

Bakke, Dennis W.
Empresa estimulante, equipe atuante : como criar um ambiente de trabalho mais feliz, com resultados mais lucrativos / Dennis W. Bakke ; tradução Bete Torii. — São Paulo : Editora Gente, 2006.

Título original: Joy at work : a revolutionary approach to fun on the job.
Bibliografia.
ISBN 85-7312-489-X

1. Liderança 2. Mudança organizacional 3. Pessoal - Motivação 4. Planejamento estratégico 5. Sucesso profissional I. Título.

06-1892 CDD-658.314

Índices para catálogo sistemático:

1. Capacitação : Motivação do pessoal : Administração 658.314

Para minha mãe, Ruth Hawkinson Bakke, que me ensinou a trabalhar.

Para Eileen Harvey Bakke, que trilhou comigo todos os passos da jornada.

Para Dave McMillen, que usou minhas teorias para ajudar a construir um ambiente de trabalho pleno de alegria.

SUMÁRIO

Observação em relação à capa 11

Prefácio 13

1. O começo da aventura do trabalho 21

O início da revolução 24

O ombro do gigante 27

O trabalho e a vida 29

Partilhar é preciso 34

Gente diferente e gente igual 36

Zeladoria 37

2. Um ambiente infeliz 43

Por que mudar? 47

Trabalhador valorizado, trabalhador feliz 50

Poder compartilhado 55

A divisão da responsabilidade 58

3. Da tristeza à alegria 63
Aprendendo com o erro 68
Saídas inteligentes 73
4. A "Colméia" e o trabalho "com gosto" 79
Abelhas em ação 84
Escolhas na Colméia 87
Resultados à vista 90
Conquistas e limites 94
5. Avaliação, respeito e recompensa 97
Aprender a avaliar 101
Problemas e soluções 104
Remuneração em xeque 106
Direito e disciplina 111
6. Sentimentos movendo o trabalho 115
Qualidades e sentimentos 118
Valores a toda prova 122
Responsabilidade do líder 123
7. A importância do objetivo 127
O lucro e o serviço 130
O papel dos acionistas 133
Dirigentes em ação 136
Metas organizacionais 138

8. Buracos na estrada **141**
O papel dos trabalhadores **146**
Nós e os outros **151**
Erros e acertos **156**
Ação e intenção **158**
9. Muito além da crise **163**
Os quatro erros **166**
No meio do vendaval **169**
A mudança **171**
O recomeço **178**
Apêndice **181**
Bibliografia **187**

OBSERVAÇÃO EM RELAÇÃO À CAPA

"É igualzinho à AES!", disse meu filho de 12 anos, Peter, quando eu cheguei em casa. Ele estava me mostrando uma bola feita de elásticos, que ele e a irmã, Margaret, tinham orgulhosamente criado.

"Olhe todas as cores e os tamanhos diferentes das tirinhas. São como todas as diferentes habilidades e culturas do pessoal da AES", comparou. Ele já havia visitado filiais da AES na Argentina, Brasil, Inglaterra, Hungria, Paquistão, Uganda e nos Estados Unidos.

Peter jogou a bola no chão da cozinha. "Pai, ela faz o que tem de fazer: ela pula." Então, tirou um dos elásticos da bola e o atirou no chão. "Você vê, ele não pula sozinho. Só funciona quando está esticado em volta dos outros. É isso que o faz saltitar."

Fiquei maravilhado e orgulhoso com aquela sacada. Peter havia captado grande parte da essência daquilo que eu estava tentando criar na AES: uma equipe de pessoas com variada bagagem cultural, talentos únicos, habilidades e aspirações diferentes, estendendo-se e unindo-se para juntas servirem o mundo.

PREFÁCIO

Adoro tornar o trabalho excitante, gratificante, estimulante e prazeroso. A maioria dos livros a respeito do trabalho e da vida nas organizações mostra executivos de alto escalão e as estratégias que usam para levar suas organizações ao sucesso, que é geralmente definido por resultados financeiros. Mas e os outros 90 ou 95 por cento do pessoal de uma grande corporação? Para essa maioria, embora o êxito econômico também seja um objetivo importante, o significado do sucesso vai muito além. Para eles, a medida crucial dos bons resultados é a qualidade de sua vida no trabalho.

Tenho a boa sorte de poder ajudar milhares de pessoas a curtirem seu trabalho. Meu sonho, talvez quixotesco, mas que vale cada grama de minha energia, é espalhar essa alegria por outras empresas e organizações, sejam elas grandes ou pequenas.

Este é um livro que celebra o sentimento de plenitude que pode ser extraído de um ambiente de trabalho humano e iluminado, o que não exclui o sucesso econômico. Na verdade, está claro que um ambiente de trabalho alegre melhora o desempenho financeiro. Entretanto, é bom que fique claro: este *não* é um manual para executivos que querem aumentar o preço de suas ações ou vencer os concorrentes. É para quem espera mais do que um holerite e um pacote de benefícios.

Este livro é para você que:

Sente-se preso a um emprego triste, mas quer mudar. Você é uma pessoa criativa, capaz e responsável, e deseja mais oportunidades para usar seus talentos e habilidades. Um cargo só para fazer dinheiro não é o suficiente para você.

Está cursando um programa de administração ou de liderança, mas ainda não se tornou viciado pelo exercício do poder sobre as pessoas com as quais trabalha. Você está aberto a uma visão alternativa de liderança, um tipo diferente de ambiente, uma nova definição de sucesso para as organizações que um dia virá a liderar.

É um estudante de nível médio ou superior que deseja ganhar a vida e desfrutá-la ao mesmo tempo. E quer fazer isso de maneira compatível com seus valores e suas crenças.

É um administrador de médio escalão que se sente preso numa estrutura altamente centralizada e verticalizada. Você sabe que sua empresa é avessa a abordagens baseadas em valores, mas sente vontade de sugerir mudanças radicais, mesmo correndo o risco de perder seu emprego.

Tem posição de liderança no governo ou em uma empresa, em uma organização sem fins lucrativos ou instituição de ensino e aprecia as qualidades pessoais de seus colegas, enxergando neles mais que robôs que executam tarefas estipuladas. Você deseja um ambiente de trabalho que faça jus ao talento deles e incentive seus esforços.

É presidente de empresa, diretor ou executivo-chefe e estaria aberto a modelos organizacionais diferentes, se eles trouxessem prazer aos funcionários e ao mesmo tempo permitissem que a empresa alcançasse importantes metas comerciais.

É um intelectual, pesquisador ou escritor que compreende, do fundo do coração, os valores e virtudes de um ambiente de trabalho permeado de alegria. Você precisa de coragem para resistir às tentações – contratos para produção de livro, serviços de consultoria, empregos bem remunerados

– que geralmente são oferecidas para aqueles que pregam eficiência implacável e a busca incessante de lucro.

É padre, pastor, rabino, pai de santo ou líder espiritual e procura a melhor maneira de compreender e explicar a relação entre a fé e o emprego, onde os fiéis passam a maior parte do tempo.

A idéia de escrever este livro surgiu em meados da década de 1990. Eu era o executivo-chefe da AES, uma empresa de energia que em 2002 tinha unidades em 31 países, ativos de 8,6 bilhões de dólares, um passivo de 33,7 bilhões de dólares e 40 mil funcionários. Em doze anos de operação, tínhamos desenvolvido uma cultura funcional altamente não convencional e, também, invejável sucesso financeiro.

Muitos familiares, alguns amigos íntimos, uns poucos colegas de trabalho e diversos estudantes que freqüentavam minhas palestras sugeriram que eu começasse a transformar aquilo que estava aprendendo com a AES em algo publicável. Joel Fleishman, destacado professor de políticas públicas da Duke University, era o mais persistente, e chegou mesmo a oferecer-se para contratar alguém que me acompanhasse nas palestras para escrever um livro por mim.

Eu protelava. "Talvez algum dia", dizia. Ou: "Estou muito ocupado como presidente de empresa, marido e pai". Ou: "Não tenho certeza de que haja o suficiente para um livro".

Embora essas desculpas fossem parcialmente verdadeiras, o medo do fracasso era provavelmente o maior obstáculo. Eu sabia que escrever era difícil, especialmente sendo a respeito de algo recente e interessante – e talvez até mesmo transformador, se eu conseguisse colocar minhas idéias e crenças de forma convincente.

A maioria dos autores que escrevem a respeito de assuntos empresariais diz "Eu fiz isso, e é assim que você também pode fazer". Não é esse o meu objetivo. Estou convencido de que estou no caminho certo, mas sei que ainda estou longe do meu destino final. Este livro é um argumento extenso a favor de uma proposição simples: o ambiente de trabalho deve ser agradável e gratificante.

À minha argumentação faltam a precisão da ciência e a hermética lógica da lei. Em vez disso, é construída com paixão, experiência e bom senso. Essas são as ferramentas mentais e emocionais que nos guiam em nossa vida diária.

Muitas pessoas me acompanharam nessa jornada. Minha brilhante e amorosa esposa, meus filhos, outros membros da família, colegas da AES e amigos ofereceram sua visão, sabedoria e encorajamento. Apesar de seu apoio e de seus conselhos, ainda cometo erros ao traçar minha rota e seguir o curso determinado. Alguns desses erros insinuaram-se, sem dúvida, aqui.

Não sou mestre em filosofia, teologia, psicologia nem sociologia, mas minhas peregrinações me levaram a todos esses territórios. A falta de bases sólidas em tais disciplinas fez com que eu dirigisse a AES experimentando na prática para ver se dava certo na teoria.

Minha idéia de trabalho, negócios e vida é colorida pela lembrança de meus primeiros anos no pitoresco e isolado vale do Nooksack, ao pé do monte Baker, no estado de Washington. A cidadezinha mais próxima ficava a 48 quilômetros. Meus quatro avós haviam imigrado da Noruega para Washington no início do século XX. Meu pai não fez faculdade. Ele mudava de um emprego para outro, trabalhando por empreitada em construções ou madeireiras. Foi membro do sindicato por toda a vida, o que era para ele motivo de grande orgulho. Durante a maior parte de meus anos de formação, ele precisava se ausentar de casa por seis ou sete meses a cada ano, para procurar trabalho no Alasca. Poucas vezes, durante a década de 1950 e início da década de 1960, ele conseguiu trazer para casa mais do que alguns milhares de dólares por ano. Minha mãe teve de interromper os estudos depois que o pai dela morreu. Assim como meus pais, nenhum de meus tios e tias foi para a faculdade.

Na primavera do meu último ano na Universidade de Puget Sound (UPS), em Tacoma, Washington, telefonei para pedir a meu pai que consentisse com a minha escolha para o curso de pós-graduação. Eu havia ingressado na UPS principalmente porque a escola me dera uma bolsa maior do que as oferecidas pelas outras, para que eu jogasse futebol e basquete. Tenho certeza de que ele achava que quatro anos de faculdade era o suficiente e de que estava na hora de começar a trabalhar. Mas, generosamente, ele não tocou no assunto.

– Você está pensando em ir para onde? – questionou.

– Para a Harvard Business School – respondi.

Fez-se uma pausa ao telefone.

– Onde é isso? – ele perguntou.

– Em Boston – respondi.

Depois de outra pausa, maior, meu pai disse: "Eu não aconselho você a fazer isso, Denny. É muito longe, e eu nunca ouvi falar dessa escola. Não deve ser muito boa". Essa história é uma sólida prova da minha distância inicial em relação aos centros de educação superior que tanta influência tiveram sobre a filosofia empresarial, organizacional e mercadológica. Em termos intelectuais, iniciei minha graduação como um livro em branco, aberto a novas idéias e desafogado da complacência intelectual que aflige muitos dos estudantes das universidades tradicionais, consideradas de alto nível acadêmico e prestígio social.

Existe em nosso mundo uma perturbadora preocupação com assuntos econômicos. Freqüentemente calculamos nosso valor como indivíduos pelo salário que recebemos ou nosso valor de mercado. A frase "É por causa da economia, idiota!" nos lembra que o governo e seus líderes são julgados mais em termos econômicos do que com base em princípios. Não é de surpreender que a crença de que "a economia governa" dirija também a maioria das organizações comerciais. Acredito que a economia tenha importância para os indivíduos, as organizações e as nações, mas apenas como um elemento de uma vida saudável, e longe de ser o mais importante.

Tenho em minha estante mais de cem volumes a respeito de negócios e organizações. A maioria tenta apresentar argumentos a favor de um determinado conjunto de valores, princípios e estratégias que ajudariam uma empresa a obter sucesso financeiro, crescer e sustentar-se por um longo período. Eles contêm uma montanha de informações úteis a respeito de como dirigir uma organização. Mas grande parte deles apresenta deficiência em um importante aspecto: não definem o propósito fundamental do empreendimento.

Os princípios e propósitos que abraço pretendem ser fins em si e por si mesmos, e não técnicas para gerar valor para os acionistas ou para alcançar qualquer outro objetivo financeiro. Alguns críticos podem desdenhar do meu ponto de vista devido ao fato de o preço das ações da AES, que era bastante alto em 1999 e 2000, ter caído acentuadamente. Descartar minha opinião com base nisso desconsidera três pontos fundamentais: primeiro, que foram, antes de mais nada, os valores que defendo que fizeram as ações da AES chegar ao topo. Segundo, que fatores externos – principalmente o escândalo da Enron* e os apagões da Califórnia – derrubaram as ações da maioria das empresas de energia, quer elas estivessem envolvidas nas dificuldades que assolaram o segmento, quer não (a AES não estava envolvida). Terceiro, e de longe o ponto mais importante, que os princípios abraçados pela AES se sustentam por seus próprios méritos, seja qual for o preço das ações da empresa.

Vencer, e principalmente vencer financeiramente, é um objetivo de segunda categoria, no máximo. Trabalhar segundo valores e princípios atemporais, verdadeiros e transcendentes deve ser nossa ambição maior. Um dos objetivos mais importantes deste livro é sugerir uma definição

* Gigante americana do setor de energia, a Enron pediu concordata em dezembro de 2001, após ter sido alvo de uma série de denúncias de fraudes contábeis e fiscais. Com uma dívida de 13 bilhões de dólares, arrastou consigo a Arthur Andersen, que fazia sua auditoria. (*Fonte*: <www1.folha.uol.com.br/folha/sinapse/>, 27/5/2003). (N.E.)

mais abrangente para sucesso e desempenho funcional, definição que atribua maior prioridade a um ambiente de alegria para o trabalhador médio. Um local que ofereça a todos os trabalhadores oportunidade para tomarem decisões importantes e empreenderem ações significativas, usando o máximo de seus dons e habilidades. Nossa experiência na AES mostra que esse tipo de ambiente pode ser a virada de mesa para que uma organização seja vibrante e economicamente robusta.

Um ambiente alegre dá aos funcionários liberdade para curtir seu trabalho. Ali, eles usam seus talentos e habilidades em benefício da sociedade.

1

O COMEÇO DA AVENTURA DO TRABALHO

Kenny tinha 2 anos. Era pequenininho, com olhos brilhantes, uma terrível cicatriz e rosto ligeiramente deformado. Alguns meses antes, ele e suas duas irmãs mais velhas vieram para nossa casa em Saxon, Washington. Estavam "temporariamente" afastados de seus pais, por decisão do departamento de bem-estar social do município, e colocados sob os cuidados da família Bakke por período indeterminado.

Naquela tarde tudo corria como sempre. A cozinha estava fervilhando de atividade. Eu tinha 16 anos e estava encarregado de preparar creme de ervilhas para o jantar. Meu irmão mais novo carregava lenha. As irmãs mais velhas de Kenny lavavam a louça e colocavam a mesa para o jantar. Mamãe supervisionava tudo enquanto varria o chão, de olho no sorvete que estava na batedeira.

Ninguém estava prestando atenção a Kenny, que observava a cena enquanto empurrava seu carrinho para trás e para a frente na mesinha do cadeirão. De repente, ele jogou o brinquedo no chão e pegou a colher que estava na mesinha. "Eu quero um trabalho, eu quero um trabalho, eu quero um trabalho", cantarolou, enquanto batia com a colher.

Acho que aquele garotinho de sorriso torto e um passado problemático estava dizendo: "Eu quero ajudar. Eu posso fazer diferença. Eu quero fazer parte do time. Eu quero ser alguém". Com o passar dos anos, tenho refletido a respeito daquele momento e hoje acredito que esse episódio retrata a influência primordial e substancial que minha mãe teve sobre minha concepção quanto a *curtir* o trabalho.

De algum modo, minha mãe criava um ambiente em que todos se sentiam energizados, não por medo de punição ou promessa de recompensa, mas pelo desejo de realizar uma coisa positiva. Ela tinha uma confiança imensa em nossa capacidade para realizar as tarefas propostas. Ela nos dava uma enorme liberdade para trabalhar e tomar decisões. De alguma forma, transformava o trabalho em algo tão atraente que até mesmo uma criança de 2 anos, que tinha passado por poucas e boas, queria desesperadamente entrar na dança, por puro prazer e curtição.

Assim como muitas famílias rurais com raízes na imigração, nós conhecíamos o trabalho. Meu primeiro emprego regular fora de casa foi aos 5 anos: meu avô me contratou para, todas as tardes, levar as vacas para a ordenha no curral. Olhando para trás, fico maravilhado com as habilidades que desenvolvi ao realizar aquele serviço. Compreendi a importância do tempo, porque tinha de sair de casa exatamente às 5 horas para poder percorrer 700 metros quadrados de campos e bosques. Andava 1500 metros na margem de um rio para arrebanhar as vacas. Descobri que elas se juntavam em lugares diferentes conforme chovia, fazia frio ou calor. Aprendi a me virar no escuro, porque no inverno escurecia às 4h30 da tarde.

Comecei a compreender o que chamo de "zeladoria" – um conceito que se tornou central em minha vida – quando me pediram que aos domingos eu colocasse 5 centavos na caixa de coleta da igreja. Os outros 45 centavos que recebia por semana eu punha voluntariamente dentro do meu cofrinho. Quando o porquinho ficou cheio, usei o dinheiro para comprar títulos de capitalização do governo.

Com 7 anos eu dirigia um trator. Era eu quem tirava dos vagões os fardos de feno que vinham dos campos do meu avô e os punha no celeiro. Era uma aventura excitante, por causa da necessidade de parar o trator no momento exato, de forma que os fardos caíssem exatamente no local onde ficariam estocados.

Dos 6 aos 16 anos também colhia morangos por 25 ou 30 dias consecutivos, nos primeiros meses do verão. Quando essa estação terminava, eu e minha família colhíamos framboesas e feno nas fazendas da região. Em todas essas atividades, eu mantinha significativo controle sobre meu ritmo de trabalho e sobre quanto tempo passava trabalhando. No final de cada dia, sabia se meu desempenho tinha sido bom ou ruim.

Os primeiros objetos "manufaturados" que produzi foram feixes de lenha que meu irmão Lowell e eu fazíamos com troncos de cedro. Nós os vendíamos para parentes e seus vizinhos que viviam na longínqua Seattle. Essa experiência me ensinou não apenas a usar um machado e uma serra, mas também a embalar um produto e estimar seu preço de mercado.

Quando eu tinha 13 anos, meu tio Aadne, que vivia na fazenda ao lado, me deu um novilho para criar. Dezoito meses depois, vendi o bezerro de volta para ele e usei o dinheiro para começar meu próprio negócio com gado. O tio Ralph, de São Francisco, investiu mais de 800 dólares na compra de oito novilhas Hereford para mim. Foi o início de um rebanho que chegou a 29 cabeças na época em que saí de casa para estudar. Infelizmente, esse negócio financeiramente bem-sucedido terminou abruptamente quando minha mãe telefonou para avisar que "muitas vezes" as vacas tinham varado as cercas de sítios vizinhos. Por isso, ela deu fim ao rebanho no leilão regional de gado.

Essas primeiras experiências de trabalho foram muito importantes para minha compreensão posterior de trabalho e negócios. Acredito mesmo que influíram mais do que minha educação formal, incluindo aí os dois maravilhosos anos que passei na Harvard Business School. De fato, não me lembro de ter visto as palavras "curtir" e "trabalho" mencionadas em uma mesma frase durante todo o tempo que passei em Harvard.

Os seis anos que passei trabalhando para o governo também foram cruciais para minha percepção em relação ao que torna ou não um ambiente de trabalho prazeroso. Entre 1970 e 1976, atuei primeiro no Departamento de Saúde, Educação e Bem-Estar, em seguida no Setor de Administração e Orçamento e mais tarde na recém-criada Administração Federal de Energia. Nesse tempo, aprendi que é a existência de um propósito que torna o trabalho significativo. Compreendi ainda a tirania destrutiva da maioria das operações centralizadas pelo alto escalão. Para as pessoas que não desfrutavam o privilégio de trabalhar nos escritórios centrais, o ambiente de trabalho raramente era gratificante.

O início da revolução

Uma das horas mais produtivas da minha vida eu vivi em uma viagem de carro de Anápolis, Maryland, para Washington. Era 1980 e eu estava com Roger Sant, co-fundador da AES e extraordinário parceiro de negócios por mais de vinte anos.

Roger é o melhor estrategista empresarial que já conheci. Sem ele, a AES jamais teria nascido ou sobrevivido aos primeiros cinco anos. Ele criou a empresa; eu ajudei. Poucos membros do conselho empresarial, mesmo aqueles que chegaram muito depois de a empresa ter sido fundada, acreditam na teoria de co-fundação. "Roger e os meninos" era a expressão usada por um dos membros do conselho.

Naquela viagem, voltávamos de uma conferência em que acabara de ser decidida a suspensão definitiva dos trabalhos do Centro de Energia Produtiva do Instituto Carnegie Mellon (o setor de pesquisa da Universidade Carnegie Mellon), para o qual eu havia trabalhado de 1977 a 1981. Pelo caminho, esboçamos nosso sonho de uma nova empresa, que viria a ser a Applied Energy Services Inc. (mais tarde AES Corporation e finalmente AES

– The Global Power Company). Segundo me lembro, durante todo o papo a única referência a eventuais valores e princípios da AES foi um comentário de Roger, na porta de minha casa: "Vamos *curtir*".

A lógica empresarial da companhia foi delineada a partir de um trabalho que Roger e eu fizemos para o Instituto Mellon, reproduzido no livro *Creating Abundance: the Least Cost Energy Strategy* [Gerando Abundância: a Estratégia de Energia a Custo Mínimo], publicado pela Mcgraw-Hill em 1984. A premissa era que, se a geração de eletricidade não fosse controlada nem regulamentada pelo governo, a competição entre empresas privadas reduziria os preços ao consumidor e melhoraria a eficiência e os serviços. Lançamos a empresa em janeiro de 1982, com um empréstimo bancário de 60 mil dólares, feito com nossa garantia pessoal, e 1 milhão de dólares de investidores, que incluíam uns poucos familiares.

Um ano depois, Roger e eu voltávamos de uma frustrante visita à ARCO Corporation (mais tarde BP/Amoco), em Los Angeles. A AES tinha um acordo com uma das maiores divisões operacionais da ARCO para financiar e construir uma nova instalação de geração de energia elétrica em sua refinaria de Houston. Naquela época, nossa abordagem era bastante inovadora. Propusemos obter financiamento para a instalação, sem tornar a ARCO responsável por qualquer parcela dos 181 milhões de dólares necessários.

O departamento de finanças da ARCO rejeitou a nossa proposta. Aquele típico departamento de alto escalão encontrado na maioria das grandes organizações não permitiu que o grupo operacional da empresa prosseguisse com o projeto. "Vocês jamais conseguirão fazer o que estão propondo; isso nunca vai funcionar", foi a resposta de alguns dos administradores financeiros juniores e seniores do escritório central da ARCO. Eles pareciam estar dizendo: "Sabemos tudo sobre financiamento. Quem manda aqui somos nós".

Naquele tempo, tanto dentro quanto fora da indústria de petróleo, a ARCO era considerada uma das empresas mais progressistas e bem administradas do mundo. Para mim, no entanto, tinha uma burocracia igualzinha àquela que eu conheci na administração federal. Havia os escalões hierárquicos. As decisões mais importantes eram tomadas por alguns poucos executivos de nível elevado. Os jovens inteligentes dos departamentos da direção passavam como um trator por cima de executivos de linha, responsáveis por criar e dirigir os negócios. Por causa de tantas dificuldades, levamos mais de um ano para convencê-los a mudar de idéia e prosseguir com o projeto, até a instalação ser financiada conforme nossa proposta.

Um dia, joguei uma dúvida no ar. Perguntei a Roger se a ARCO e outras grandes organizações eram daquele jeito porque são grandes, porque são antigas ou devido a seus valores, princípios e filosofia. E concluí: "Espero que a resposta seja a número 3, porque um dia a AES poderá ser antiga e grande também".

Eu queria desesperadamente que a AES fosse diferente. Para isso, nossa única esperança era criar um conjunto de princípios que pudesse modelar e direcionar o negócio, independentemente de seu tamanho, complexidade ou idade.

Somente anos depois da fundação da AES tentamos registrar por escrito os princípios que definiam a empresa. A primeira tentativa aconteceu em um retiro de dois dias, em um centro de conferências perto de Washington, com cerca de vinte dos cinqüenta empregados da companhia. O objetivo de uma das sessões era completar a estrutura dos Sete S's, que relacionavam a organização de um empreendimento a sete qualidades começadas, em inglês, pela inicial "S" – estratégia, habilidades, equipe etc. No centro desse quebra-cabeça estavam os "valores compartilhados" (*shared-values*, em inglês).

Naquele dia, grande parte das discussões foi sobre os valores centrais que desejávamos na empresa. Cuidadosamente, também fizemos a lista de outras partes da estrutura, mas sabendo bem no fundo que não eram tão importantes. Alguns anos depois, apenas os valores compartilhados permaneciam como parte integral das discussões corporativas da AES.

No centro do diagrama escrevemos *Integridade, Imparcialidade, Responsabilidade Social* e *Gosto pelo Trabalho*. Esporadicamente, outras palavras foram usadas para descrever nossas aspirações, mas elas nunca chegaram ao círculo central. Conceitos como propriedade, confiança e respeitabilidade estavam subjacentes aos quatro valores maiores. Nenhum propósito ou objetivo foi definido naquele momento. A razão? Curiosamente, a estrutura dos Sete S's não tinha um espaço para que se descrevesse a razão primordial para a existência de uma organização. O objetivo da AES foi articulado algum tempo depois, e nos anos seguintes se tornou gradualmente parte integrante dos nossos valores e princípios compartilhados.

O ombro do gigante

Quando Roger Sant usou pela primeira vez a palavra "*curtir*" para definir o tipo de ambiente que desejávamos, nenhum de nós poderia imaginar todos os seus significados. Precisamos refletir sobre o que, exatamente, isso queria dizer. Definimos *curtir* como sentir-se gratificado, estimulado, criativo e bem-sucedido. A idéia de que uma empresa poderia ser *prazerosa* manteve a AES forte e vibrante por muitos anos.

Naquela época, a Apple Computer era a menina dos olhos da iniciante indústria *high-tech*. Uma das coisas que a distinguiam eram as festas regadas a cerveja, promovidas toda sexta-feira à tarde. Para nós, estava muito claro que aquilo não era curtição. Por outro lado, não acreditávamos que o sucesso comercial, ou "vencer", era o que levava a *curtir* o trabalho. E *curtir* também não estava relacionado ao tipo de tarefa que cada indivíduo desempenhava.

O que entendíamos por *curtir* foi definido, anos depois, em um inglês meio capenga, por um funcionário da AES que escreveu do Cazaquistão: "Os princípios compartilhados, a integridade, a imparcialidade e o gosto pelo trabalho representam a cultura da AES. São seu espírito básico. Eu trabalho dia ou noite, fim de semana ou dia útil, com ou sem pagamento. Nesse tipo de ambiente, exerço plenamente minhas habilidades. *Curto* muito usar meu talento e acumular experiência através de anos de trabalho duro. Sinto que estou sobre o ombro de um gigante, cumprindo responsabilidades sociais".

O trabalho *feito com gosto* oferece às pessoas liberdade para usarem seus talentos e habilidades em benefício da sociedade, sem que sejam oprimidas ou controladas por supervisores autocráticos ou pelo pessoal dos escritórios. O Banco Mundial conduziu, recentemente, um estudo com 70 mil pessoas pobres de todo o mundo. Uma das questões foi: "Qual é sua necessidade mais urgente?". A resposta não foi assistência social, moradia ou outros bens materiais. O que os entrevistados mais desejam é liberdade e recursos para empreenderem. Isso não foi surpresa para mim. As pessoas que conheci – não importa a classe, a renda, a nacionalidade ou o nível de educação – desejam uma chance para satisfazer as necessidades da família enquanto fazem algo de útil para a sociedade.

Quando fizemos da "integridade" um de nossos valores compartilhados, consideramos a definição clássica tradicional. Essa palavra deriva do latim *integra*, que significa plenitude ou inteireza, a mesma raiz das palavras *integral* e *integração*. Está relacionada com a maneira como as coisas funcionam juntas, de forma coesa e apropriada. Ser verdadeiro é uma parte do ser íntegro; viver de acordo com os compromissos assumidos é a outra.

Para mim, a integridade exige que uma organização comunique ao público a mesma mensagem que comunica a seus empregados. Isso significa admitir abertamente seus erros diante dos acionistas, banqueiros e governantes. Nos relatórios anuais da AES, os leitores de minhas cartas talvez tenham notado o esforço para discutir nossos enganos e problemas. A carta deveria ser lida por todos os que ajudaram a atingir nossos propósitos, e não apenas pelos acionistas, já que todos merecem as mesmas informações básicas, tanto as positivas quanto as negativas.

Integridade significa também inteira explicação dos valores e propósitos da corporação a todos os colaboradores, especialmente quando esses princípios não são convencionais, são potencialmente passíveis de controvérsia e difíceis de compreender.

Executivos não gastam muito tempo conversando a respeito de valores e, portanto, podem surgir interpretações equivocadas e discordâncias. Certa vez, quando estávamos em Minneapolis procurando parceiros para a AES, um investidor potencial saiu mais cedo do encontro. A caminho da porta, ele riu ao dizer a um dos banqueiros presentes: "Eles podem ter toda a curtição que quiserem, mas não o meu dinheiro".

Vários anos mais tarde, quando um consultor da McKinsey fazia uma apresentação a respeito da AES, um de nossos executivos perguntou a razão de ele não mencionar nossos ideais compartilhados. Surpreso, percebeu que o consultor era um entusiasta dos nossos valores, só que por razões erradas. "Eles realmente reduzem o custo de mão-de-obra", disse. "Os empregados adoram esses valores, e trabalham mais e com maior eficiência por causa deles".

Essa é uma linha pragmática de pensamento que combato desde os primeiros dias de existência da empresa. Ela ignora a dimensão moral dos valores, como se eles fossem apenas um jeito de ganhar mais dinheiro. A diferença foi explicada pelo professor John Kay, de Oxford: "Existe uma diferença real entre dizer a seus funcionários 'Nós nos preocupamos com seu bem-estar porque nos preocupamos' e dizer 'Nós nos preocupamos com seu bem-estar porque isso faz com que você trabalhe melhor'". Os funcionários percebem quando os valores são genuínos e quando escondem outros interesses.

O trabalho e a vida

Tenho a forte convicção de que as pessoas deveriam poder trazer para a organização muitas de suas crenças básicas em relação à vida. O pessoal da AES foi encorajado a viver seus valores no trabalho exatamente como o fariam em casa, nos templos e na comunidade, o que de certa maneira era uma novidade.

A maioria de nós já ouviu a frase "Negócios são negócios", que subentende que os negócios têm suas próprias regras. Ao sair para o trabalho, parece que devemos deixar atrás da porta de casa as nossas crenças religiosas e familiares. Para mim, é exatamente o contrário: como nossos princípios centrais derivavam de valores dominantes, praticados por milhões de pessoas de todo o mundo, esperamos que a maior parte de nosso pessoal possa trazer os elementos-chave de sua filosofia pessoal para o ambiente de trabalho.

Uma idéia menos popular era a de que deveríamos praticar os valores da AES tanto no trabalho quanto em outras áreas da vida. Na empresa, por exemplo, integridade significava não mentir, roubar nem trapacear. Não parece lógico que isso deva valer também para a vida privada? Trapacear na declaração de Imposto de Renda não combina com o conceito de integridade da AES. Quando percebíamos esse tipo de comportamento fora do trabalho, pedíamos ao funcionário que agisse de forma mais correta. Ou, então, deixasse a companhia.

Em relação à "imparcialidade", penso que escolhemos o valor correto, mas a palavra errada. Em minhas palestras, com freqüência peço aos participantes que completem a frase "Imparcialidade significa tratar a todos..." Cerca de 95% das pessoas respondem "com igualdade". Eu respondo: "Muito pelo contrário". A palavra eqüidade descreve melhor o padrão que estabelecemos para nós e para a AES.

Eu gosto muito da tradicional definição que os judeus dão para justiça: "A cada um o que merece, para cada pessoa o que é apropriado". Combinando essa definição à suposição de que cada pessoa é única, completaria a frase assim: "Imparcialidade, ou eqüidade, significa tratar a todos *com diferença*". Todo mundo já ouviu a história do sargento que pára na frente da tropa e avisa: "Ninguém recebe tratamento especial por aqui!". Imparcialidade, na AES, significava que *todo mundo* recebia tratamento especial.

A interpretação desses conceitos fica confusa por causa de outro valor tão precioso para nós: igualdade. A lógica é mais ou menos a seguinte: "Eu sou igual, ou faço o mesmo trabalho que outra pessoa, portanto devo ser tratado da mesma forma". Igualdade e imparcialidade, entretanto, não são sinônimos.

Geralmente os pais compreendem que, para ser justos com os filhos, precisam tratar cada um de maneira diferente. Já os dirigentes de corporações (inclusive sindicatos e organizações) freqüentemente ignoram o fato de que seus colaboradores são seres únicos. Muitos gerentes preferem não se envolver na vida pessoal de seus subordinados, tornando impossível os julgamentos a respeito dos indivíduos e seu desempenho a partir das diferenças pessoais. Além disso, em geral os trabalhadores e os líderes de seus sindicatos não confiam na justiça da avaliação dos administradores. Resultado: as empresas são forçadas a classificar seus funcionários de acordo com parâmetros artificiais, como anos de casa, filiação sindical, nível educacional e título do cargo. Se justiça ou imparcialidade fossem utilizadas de verdade, as corporações viveriam uma transformação radical, às vezes de forma surpreendente – e quase sempre para melhor.

Fizemos da "responsabilidade social" um de nossos valores centrais. Assim, reconhecemos que o Estado concede certos direitos e privilégios a todas as corporações. Como retribuição, a empresa deve operar de forma a beneficiar a sociedade e mitigar as possíveis conseqüências negativas de sua atividade. A defesa do meio ambiente é um exemplo óbvio de responsabilidade social. A AES, por exemplo, foi amplamente elogiada por ajudar no plantio de 52 milhões de árvores na Guatemala e pelos programas de preservação de centenas de milhares de acres de florestas na Amazônia e no Paraguai. Foi a forma que encontramos para compensar as emissões de gás carbônico das fábricas dos Estados Unidos e da Grã-Bretanha. Programas de caridade para ajudar os pobres e projetos de segurança para os empregados e o público também representam ações socialmente responsáveis do conglomerado.

Embora essas realizações sejam importantes, com o tempo cheguei à conclusão de que poderíamos servir melhor a sociedade simplesmente realizando a missão da empresa. A responsabilidade social primordial da AES era ser a melhor no atendimento da necessidade mundial por eletricidade segura, limpa, confiável e a preços econômicos. Isso empregava de 90% a 95% de nossos recursos e dos esforços e talentos do nosso pessoal.

Em Leflore County, Oklahoma, por exemplo, o desemprego caiu de 13,6% para 4% depois que a AES construiu ali uma usina de 320 megawatts. Isso é pouco quando comparado ao que aconteceu depois que a AES adquiriu uma empresa de distribuição na República Dominicana, em 1997. Um ano antes, 385 dominicanos haviam morrido na região de cobertura da usina em acidentes relacionados com energia elétrica, uma cifra bastante comum na época. Em 2000, o número de mortes havia caído para 29. Em outras palavras, salvamos centenas de vidas por levar a sério nossa missão primordial: servir a sociedade de forma economicamente sustentável com eletricidade *segura*, limpa e confiável. Não me ocorre nenhum outro "projeto" realizado pela AES que tenha sido socialmente tão benéfico.

A seleção e a identificação dos nossos valores compartilhados foram apenas o pontapé inicial para a criação de uma essência para a AES. Após a primeira sessão estratégica, continuei trabalhando para definir o que esses valores significavam na prática, tanto para mim quanto para outras pessoas da organização.

Vinculamos os valores a todos os aspectos da vida da AES. Como resultado, nunca precisamos realizar iniciativas ou programas especiais de moral ou ética para encorajar a diversidade ou o envolvimento da comunidade. Essas coisas eram parte da nossa vida diária de trabalho.

Lynn Sharp Paine, uma professora da Harvard Business School, brilhantemente explicou que valores não são uma "ferramenta administrativa" ou um tipo especial de sistema de gerenciamento que corre paralelamente ao sistema de auditoria ou compensação da companhia. Para ela, "são crenças, objetivos e convicções que alicerçam o empreendimento e direcionam sua administração no desenvolvimento de estratégias, estruturas, processos e políticas". Ou seja, constituem uma "infra-estrutura" organizacional que dá à empresa sua personalidade moral e seu caráter único.

Quando definimos inicialmente nossos valores, dois dos líderes seniores da AES que participaram da conferência mostraram-se céticos. Adotavam uma abordagem comercial rígida e realista. Tinham uma visão sombria da "bobagem sentimental proposta". Para eles, finanças eram algo "real" e importante. E o resto era o resto.

Por conhecer as crenças e a personalidade dos dois, não fiquei muito surpreso com a reação de indiferença. A novidade veio no ano seguinte, quando realizamos outra reunião estratégica. Dessa vez, quisemos retomar a estrutura dos Sete S's delineada no ano anterior, solicitando avaliações e sugestões de mudança.

Na hora, os dois céticos entraram no papo: "Não mudem nada", disse um deles. "Nós adoramos esses valores. Eles funcionam, mesmo! As pessoas gostam de fazer negócio com a gente. Acho que é por confiarem em nós". Quando reagi com silêncio e uma expressão abatida, ficaram confusos. "Qual é o problema, Dennis? Estamos dizendo que a coisa é ótima. Gostam de fazer negócio conosco por causa da imparcialidade e da integridade."

"Acho que você não compreendeu o aspecto mais importante", respondi. "Estamos tentando viver segundo esses valores porque eles são *corretos*, não porque *funcionam*."

O motivo para viver de acordo com nossos valores e a forma para avaliar sua eficiência foram questões recorrentes dentro e fora da empresa por vinte anos. Também motivaram muita discordância entre mim e alguns administradores e membros do conselho, sem falar dos estudantes de administração de fora da companhia.

Questionar se deveríamos nos prender aos valores simplesmente por serem *corretos* equivale a questionar se eles podem mudar quando as circunstâncias mudam. É necessário readequar a forma de interpretar nossos princípios quando o preço das ações cai, nosso produto não vende bem ou nos enganamos ao fazer uma aquisição? Minha resposta tem sido não, mas é um não que permanece aberto a reexames e novos entendimentos.

Acredito que por trás de princípios como integridade e justiça há uma verdade transcendente que não deve mudar com o tempo. E, certamente, essa verdade não deve ser readaptada por conta de reveses econômicos. Nossa *compreensão* pode mudar com o tempo, mas os valores e princípios são perenes. É como diz o antigo ditado: "Muitos são os métodos e poucos os princípios. Muito mudam os métodos, mas nunca os princípios".

Partilhar é preciso

Compartilhar valores pode conflitar com a visão, popular em nossa sociedade, de que cada pessoa deve decidir por si mesma como esses ideais devem ser interpretados. Mas se cada indivíduo, seja um vice-presidente, seja um membro do conselho, interpretar individualmente cada um dos valores, eles não serão compartilhados.

Procuramos minimizar esse problema por meio de um jogo limpo. Em primeiro lugar, criando uma extensiva orientação escrita e oral aos potenciais funcionários antes de ingressarem na AES. Discutimos e definimos nossos valores para que as pessoas pudessem decidir se desejavam ser parte da comunidade AES. As discussões continuavam nas reuniões mensais e trimestrais de avaliação. Essa insistência causava surpresa em quem estava de fora. Certa vez, um banqueiro com quem trabalhávamos, ao visitar os escritórios da AES, revelou: "Você acredita que passei por uma sala e dois executivos estavam discutindo se determinada coisa era ou não justa?".

Na AES, rever a interpretação de um valor compartilhado exigia esforço. Um líder, para falar por toda a organização, deveria ouvir as razões para uma sugestão de mudança. Só depois de obter o conselho dos colegas poderia decidir se a mudança era apropriada.

Tenho certeza de que em muitas empresas, especialmente aquelas que põem a prêmio a liberdade individual e os diferentes pontos de vista, os valores não são verdadeiramente compartilhados pela maioria dos funcionários. Devem ser definidos de forma tão ambígua justamente para que todos concordem. Ou então esses ideais são como camaleão, adequados para atender às mudanças de situação. Conseqüentemente, apresentam pouco efeito sobre o comportamento da organização ou dos indivíduos que ali trabalham, e tornam-se especialmente irrelevantes em tempos difíceis.

"Ei, Dennis, nossa organização também tem valores", era o comentário que algumas vezes eu ouvia de pessoas de fora. Parecia um recado, de que poderíamos ser considerados arrogantes ou "santinhos do pau oco". Todas as pessoas e organizações têm seus valores, mas numa época de "tolerância" não é politicamente correto dizer que um é mais apropriado que outro. A verdade, no entanto, é que alguns *são* melhores. Apego à verdade e ausência de egoísmo são preferíveis à enganação e ao egoísmo.

Tenho lido vários artigos que sugerem não serem importantes os objetivos ou o conjunto de valores adotados, desde que sejam estabelecidos padrões a serem obedecidos por todos. Um amigo meu da Califórnia defende: "Todos os valores são iguais". Ele chegou a essa conclusão depois de um papo que teve na praia e que terminou com a frase: "Que legal! Vocês estão com Jesus e eu estou com o surfe".

Depois de ouvir essa história, comecei a usar a palavra "princípios" em conjunto com a palavra "valores", para descrever os conceitos-chave que direcionam a vida da organização. Princípios revelam menor relativismo ético e dizem mais a respeito das verdades que devem guiar nossas vidas.

Desde o início da década de 1980, empresas decidiram mostrar seus valores. Eles são exibidos nas paredes dos escritórios e das fábricas, postados nos *websites* e incluídos nos relatórios anuais.

Procure lembrar o nome de uma empresa que faça da ética um dos critérios mais importantes para avaliar o desempenho individual, calcular aumentos e bônus ou premiar opções de ações. Conseguiu?

Com que freqüência os princípios direcionam os investimentos financeiros e a estratégia operacional de uma companhia? Alardear valores pode ser bom para as relações públicas, mas é um exercício hipócrita e vazio. Valores e princípios só têm significado quando afetam tudo o que fazemos, em todos os dias da semana.

É lógico que a AES ou eu sempre conseguimos seguir os padrões a que nos propusemos. Eles representavam nosso desejo mais profundo, mas erramos, como todos erram. Ao mesmo tempo, resisti a todos os esforços para baixar tais padrões ou aliviar o fardo da respeitabilidade que nos havíamos imposto. Eu sentia que era importante dar o melhor de nós mesmos e nos dispormos a sair limpos quando não fosse possível alcançar os objetivos.

Gente diferente e gente igual

No início dos anos 1980, uma pequena empresa dividia o espaço do escritório com a AES em Arlington, Virgínia. Os fundadores haviam criado gargantilhas femininas, que durante anos ficaram encalhadas. Certa vez, em uma feira industrial, surpreendentemente começaram a chover milhares de pedidos. Maravilhado, o presidente da microempresa me contou as boas novas e, depois de uns minutos em silêncio, perguntou: "Como vamos conseguir atender a todos?".

Mais ou menos um ano depois, a AES estava na mesma situação. A usina de energia em Houston estava sendo construída. Inexperientes, começamos a pensar em formas de operá-la. Experientes membros do conselho disseram: "Vocês não entendem nada da operação de uma usina. Contratem quem entenda". Eu segui o conselho.

Várias pessoas participaram das discussões. Muitas sugeriam abordagens distintas para funcionários da usina e para os mestres em administração, engenheiros e colegas graduados que enchiam o escritório naquela época. "Aquela gente é diferente", disse um dos membros do conselho. "Eles querem pagamento semanal, de preferência em dinheiro, e nem ligam para amenidades como seus valores. *Curtir* vai ser um conceito muito estranho, que simplesmente não se aplica a operações industriais".

"Aquela gente é diferente" foi a parte que mais me perturbou. Parecia aquele tipo de linguagem usada para se referir aos afro-americanos nos anos 1960. Um erro terrível. Seria agora verdadeira, em relação às pessoas contratadas para trabalhar nas instalações de geração conjunta de Houston? Eu não tinha certeza.

Foram necessários dois anos para confirmar meus pressentimentos. Aí, iniciei uma revolução que mudou drasticamente o ambiente de trabalho na AES e a forma de operação de nossas instalações. Os valores compartilhados do escritório central acabariam sendo usados para dirigir cada um dos aspectos da vida nas usinas – desde a contratação e a compensação até a organização e a tomada de decisões. Era o início de um esforço audacioso para criar o ambiente de trabalho mais prazeroso já conhecido.

Zeladoria

Durante a década de 1980 e início da década de 1990, minha esposa, Eileen, e eu nos encontrávamos com outros cinco ou seis casais para estudar a *Bíblia*, orar e discutir nossas alegrias e problemas. Nessa época, comecei a entender melhor o que mais tarde chamei de "zeladoria" – a idéia de que existe um objetivo mais amplo do que simplesmente satisfazer nossas próprias necessidades. Compreendi que, na melhor das hipóteses, aquilo que aprendi aos 5 anos estava incompleto.

Entendi que zelar é mais do que dar dinheiro a uma igreja ou contribuir com causas nobres; está mais ligado ao que faço com o dinheiro que gasto e guardo do que com o dinheiro que dôo. Tem maior relação com a forma como conduzo minha vida diária, como uso minhas competências e habilidades para fazer uma contribuição positiva para a sociedade e servir ao próximo.

Nessa mesma época, li um livro que teve uma enorme influência em minha vida. Era *Stewardship – Regência-Gerência* (Record, 1995), de Peter Block, um autor até então desconhecido. Com essa obra, percebi que minha compreensão bíblica do conceito de zeladoria – que Block chama de "regência" – poderia ser aplicada aos grandes negócios. Como? É que esse conceito pressupõe que os recursos que usamos pertencem aos outros. Nós apenas os protegemos, tomamos conta, tornando-os úteis, tudo em nome do verdadeiro proprietário.

Para aqueles que trabalham para uma organização, Block define regência como "o desejo de ser aquele que responde pelo bem-estar de uma organização maior, agindo para servir e não para controlar quem está ao redor". Ou seja, é a respeitabilidade sem controle ou submissão. Ao ler isso, minha reação foi estabelecer que servir às necessidades da sociedade seria a pedra fundamental da missão da nossa corporação.

No início de 1990, começamos a considerar a possibilidade de abrir nosso capital. Eram quase 500 acionistas na base e corríamos o risco de ser declarados sociedade anônima pelo governo. Mas uma dúvida nos preocupava: conseguiríamos manter nossos valores e ao mesmo tempo lutar para atingir objetivos financeiros ambiciosos?

Consultamos empresas de investimento bancário a respeito dessa preocupação. Elas foram bastante positivas quanto a nossa capacidade para sobreviver no mundo "público" de maneira coerente com nossos princípios. Mais tarde compreendi que, como muitos dos que são treinados em vendas, os banqueiros haviam enfatizado os aspectos positivos de nosso "estranho" conjunto de valores e minimizado os problemas. Um deles, especialmente persuasivo, chegou mesmo a sugerir que a abertura de capital era algo que devíamos ao mundo, para que eu pudesse divulgar melhor as idéias da abordagem radical de vida organizacional de nossa empresa.

Os membros do conselho apoiaram a abertura do capital. Eu deveria ter sido mais cético, pois sabia da euforia com o potencial de negócios da companhia. Eles eram menos comprometidos do que eu com nossos valores, ou os viam como uma forma de melhorar o desempenho financeiro. Apesar do alerta vermelho, eu me convenci de que poderíamos ser uma S.A. sem perder nossas qualidades especiais.

Contudo, diversos acionistas, muitos deles funcionários da AES, temiam que a abertura do capital mudasse a empresa para pior. Roger e eu contemplamos tal apreensão em uma carta endereçada aos funcionários e acionistas da AES, em março de 1991:

> Desde o início da AES, analisamos os prós e os contras da abertura de capital. Até o momento, a conclusão era que fazia mais sentido sermos uma empresa limitada. Agora, no entanto, acreditamos que o registro como sociedade anônima pode ser inevitável... Continuamos comprometidos com a missão e os valores da AES... Para tal fim, estabelecemos nós mesmos alguns "Princípios para a abertura de capital"... Esses princípios são: curtir o processo. Se não for possível curtir, devemos mudar o processo ou desistir... *Se nos sentirmos tentados a alterar qualquer elemento significativo em nossa maneira de fazer negócios, consideraremos tal mudança como um importante sinal vermelho e somente a faremos se a base lógica atual para nossa forma de agir não fizer sentido – independentemente do processo de oferta pública*... Estaremos empenhados ao máximo para nos manter fiéis a esses princípios [itálico adicionado].

Fiéis a essa promessa, preparamos um rascunho para o memorando de oferta pública, com um parágrafo sem rodeios, na seção "Negócios da companhia". Ele dizia:

> *Adesão aos valores da AES – Possíveis impactos sobre o resultado das operações*. Um elemento importante para a AES é seu comprometimento com quatro importantes valores "compartilhados": agir com integridade, ser imparcial, curtir o trabalho e ser socialmente responsável.

> A AES acredita que obter lucro justo é um resultado importante para o fornecimento de um produto de qualidade aos consumidores. Entretanto, se a companhia constatar a existência de conflito entre aqueles valores e os lucros, tentará manter-se fiel aos valores – mesmo que isso possa implicar diminuição dos lucros ou perda de oportunidades.
>
> Mais ainda: a companhia busca ater-se a tais valores não como meio para obter sucesso financeiro, mas porque tal comprometimento é um objetivo que tem valor em si e por si. A companhia pretende seguir a mesma política após esta oferta pública.

Quando o rascunho do documento foi revisado pelos consultores da Comissão de Seguridade e Câmbio, eles ofereceram várias sugestões úteis. A mais intrigante foi para que transportássemos o parágrafo acima para a primeira seção do documento, chamada "Fatores especiais de risco". O título adicional seria "Possíveis impactos no resultado das operações".

Isso significava um alerta. Os investidores deveriam ser advertidos de que a empresa possuía poucos negócios, que era controlada essencialmente por dois diretores que poderiam morrer no dia seguinte, que não havia garantias de atração de novos negócios. Os consultores da comissão achavam que o risco, no nosso caso, eram os nossos valores.

Alguns de nós ficaram aborrecidos com a reação da comissão. Eu adorei. Agora já podia dizer que o governo dos Estados Unidos considerava *muito arriscado* tentar realizar negócios com integridade, imparcialidade, responsabilidade social e gosto pelo trabalho.

A AES tem continuado a apresentar a declaração original em todas as ofertas públicas, com uma única pequena mudança que descreve seus princípios compartilhados.

> Devemos tentar viver de acordo com um inalterável conjunto de princípios éticos compartilhados, pois esse é o modo correto de viver. Nossos esforços para fazê-lo não precisam ser adoçados por benefícios adicionais,

tais como resultados financeiros superiores, melhores resultados de recrutamento, funcionários mais felizes ou mesmo aumento de produtividade. Vale a pena buscar esses objetivos, independentemente dos princípios de base. Importante não é apenas se eu vivo de determinada forma, mas se a maneira como tento viver está baseada em princípios morais e verdadeiros.

Fizemos do ambiente de trabalho um lugar frustrante e infeliz. É preciso encontrar formas de participar das decisões ou de empregar plenamente os talentos.

2

UM AMBIENTE INFELIZ

Collin Doherty chegou uma hora antes das 6 da manhã, horário estipulado para que se apresentasse ao novo emprego na fábrica de tecidos. "Esteja aqui na hora ou darei a vaga para outro", tinha-lhe dito o supervisor assistente que lhe ofereceu o trabalho. Depois dessa conversa, sabia que não poderia bobear. Por isso, levantou mais cedo e caminhou os 5 quilômetros que separavam sua fazenda da nova fábrica de tecidos da vila.

Antes mesmo de a fábrica ser inaugurada, Collin tentava ser contratado. Tinha 31 anos, estava casado com Rowena havia dez anos e mantinha com dificuldade os seis filhos. A seca do ano anterior, seguida por um rigoroso inverno, foram a última gota: a família quase passou fome, sem dinheiro para comprar sementes e animais. Agora, nem sabiam se sobreviveriam a outro inverno em Gales.

A família de Collin tinha uma *Bíblia* onde registrava os principais acontecimentos. Ali estava escrito que pelo menos as últimas seis gerações tinham sobrevivido do que era produzido na fazenda de 5 hectares. Plantavam e criavam cabras e ovelhas. Ele não sabia fazer nada além de trabalhar de sol a sol para garantir a comida a seus meninos, assim como seu pai, seu avô e seu bisavô fizeram.

A fábrica era nova e empregava até cem operários, além de supervisores para cada uma das funções. Os funcionários eram divididos em grupos de especialidade: um preparava a madeira para o motor a vapor, outro operava os teares enquanto um terceiro enrolava o tecido antes de enviá-lo para o departamento de expedição. Quem trabalhava no motor e nos teares ganhava mais, porque o trabalho exigia maior habilidade. Já o supervisor dava instruções, estabelecia os turnos e assegurava que o trabalho fosse feito.

Ao chegar à fábrica, Collin foi encaminhado a uma pequena sala. Ali, o supervisor explicou: "Você entra no time de limpeza da área dos teares". Em seguida, recitou a ladainha: "Vai receber tanto por semana. O horário é das 6 da manhã às 6h30 da tarde, de segunda-feira a sábado. Você tem meia hora para o almoço, desde que tenha completado todas as tarefas da manhã. A fábrica fecha aos domingos e no dia de Natal".

Ufa! Collin ouviu e ficou aliviado, porque o dinheiro daria para colocar comida na mesa. Percebeu também que dedicaria menos horas à fabrica do que a média que gastava na lida da fazenda. Sonhava com um tipo diferente de trabalho, mas ainda se perguntava o que seu pai acharia de sua decisão de abandonar a agricultura.

Em seus dois primeiros anos na fábrica, nunca se encontrou com o superintendente ou viu o "chefão", que raramente visitava as instalações. Durante o primeiro ano, não perdeu sequer um dia de trabalho. Foi promovido da limpeza para o departamento de tecelagem e tornou-se bastante habilidoso na tarefa que lhe cabia.

Entretanto, Rowena percebia que o marido estava diferente. "Você não parece se importar com o serviço, como quando trabalhava aqui", dizia. "Parece que está sendo levado pela corrente. Nunca me fala sobre os problemas que está enfrentando ou sobre os sonhos que tem para o futuro, como fazia na época em que trabalhava na fazenda."

"É como ser um dos bois do rebanho", respondia Collin. "Sou alimentado regularmente, mas na hora de trabalhar me colocam numa baia que não oferece muita liberdade. Eu não devo pensar muito naquilo que estou fazendo nem sonhar sobre o futuro." Sem perspectiva, ele argumentava: "Talvez seja diferente se eu me tornar supervisor. Então vou ser alguém, vou ter algum controle. Aposto que melhoraria aquele lugar se pudesse dizer alguma coisa".

Collin Doherty é um personagem criado por mim. Nasceu das minhas leituras a respeito da Revolução Industrial e é como todas as pessoas comuns que aparecem nas histórias daquele período. Portanto, embora de mentirinha, ele é *verdadeiro*.

A maior parte dos historiadores marca a Revolução Industrial como um momento fundamental da história econômica e social. Aspectos fundamentais da natureza do trabalho mudaram. Até a invenção do primeiro motor a vapor prático, pelo engenheiro inglês Thomas Newcomen, em 1711, a maioria trabalhava a terra; antes, eram caçadores e coletores. Grandes organizações de trabalhadores limitavam-se a soldados, servos ou escravos.

Durante a Idade Média, surgiram nas cidades as oficinas de artesãos, que ofereciam trabalho a poucos. Para construir as grandes catedrais da Europa, homens eram arrebanhados e trabalhavam em um único projeto durante anos. Somente com o início da industrialização é que o ambiente de trabalho mudou e o número de trabalhadores cresceu rapidamente, agrupando milhões de pessoas iguais a Collin Doherty.

Muitas das atitudes adotadas durante a Revolução Industrial permanecem até hoje. Quais as razões? Fiz essa pergunta a pessoas da minha empresa, estudantes de faculdade, funcionários do governo e dirigentes de muitas outras organizações. As respostas foram:

- Os trabalhadores são preguiçosos. Se não forem vigiados, não trabalharão com afinco.

- Empregados trabalham basicamente pelo dinheiro. Farão o que for necessário para conseguir mais grana.
- Os funcionários são egoístas. Colocam o próprio interesse acima daquilo que é melhor para a organização.
- Eles são mais eficientes quando realizam uma única tarefa repetidamente.
- Não são capazes de tomar boas decisões a respeito de assuntos importantes, que afetam o desempenho financeiro da companhia. Os patrões é que são bons nisso.
- Os trabalhadores não querem ser responsáveis por suas ações ou por decisões que afetem o desempenho da organização.
- Eles precisam de cuidado e proteção, assim como as crianças precisam dos pais.
- Os operários devem ser remunerados com base nas horas trabalhadas ou no número de "peças" produzidas. Os chefes merecem salários mensais e, possivelmente, bônus e ações.
- Eles são como partes substituíveis de uma máquina. Um ótimo operário é tão bom quanto qualquer outro.
- Os trabalhadores precisam de alguém que lhes diga o que, quando e como fazer. A tarefa dos chefes é exigir respeito.

Esses pressupostos têm um efeito profundo na administração de pessoal e nas estruturas decisórias das grandes empresas, do governo, das escolas e de qualquer outra grande organização. A especialização tornou-se regra. A hierarquia é transparente. A cada momento, mostra-se claramente aos empregados o que se espera deles. Persiste uma curiosa separação entre o pessoal de administração e o de produção. Uma tendência paternalista leva à criação de "benefícios", que historicamente eram oferecidos em lugar de dinheiro (moradia grátis ou de baixo custo, escola e assistência médica). A maioria dos sistemas, controles, critérios de compensação e estilos decisórios e de liderança que encontramos hoje nas organizações pode ser relacionada a essas crenças em relação aos trabalhadores.

Curiosamente, a maior parte das pessoas não acredita que esses pressupostos ainda se apliquem aos trabalhadores de agora, especialmente no Ocidente. Concordam com a tese de que os países desenvolvidos estão entrando numa era em que 80% dos trabalhadores ganharão seu pão com trabalho intelectual.

Eu, no entanto, acho que muitos dirigentes ainda conservam esses pontos de vista. Pior ainda: muitas das abordagens e práticas em modernos locais de trabalho são quase tão aviltantes quanto as usadas durante a Revolução Industrial. Os executivos ignoram ou não admitem esse fato. Só que, para mim, essas seriam as únicas explicações plausíveis para a relativa ausência de mudanças na estrutura de trabalho das corporações modernas, agências do governo e organizações sem fins lucrativos.

Por que mudar?

É claro que muita coisa mudou. Trabalha-se menos. O ambiente de trabalho é fisicamente mais agradável e a remuneração, melhor. Os funcionários têm mais proteção e direitos legais. Mas, no fundo, nas grandes organizações as condições de trabalho não são mais estimulantes, gratificantes ou agradáveis do que há 250 anos. A maioria dos funcionários está engessada pelas descrições funcionais e hierarquias corporativas e tem pouca oportunidade para tomar as próprias decisões. No ambiente de trabalho contemporâneo, os talentos raramente são usados – geralmente, nem são notados.

Damian Obiglio, que dirigiu uma companhia de distribuição da AES premiada como a melhor concessionária de energia elétrica do Brasil por vários anos, conta a história de um jovem que trabalhou na biblioteca de uma cidade da Argentina por uma década. Sua função era repor nas estantes os livros devolvidos. Todos os dias ele cumpria fielmente oito horas de trabalho e ia imediatamente embora. Não demonstrava interesse algum em assumir responsabilidades e nenhum dos colegas sabia de suas esperanças para o futuro. Fazia o trabalho como tinha sido mandado. Nem mais, nem menos. Não causava problemas. Um dia, um jornal de circulação nacional publicou uma homenagem ao vencedor de um concurso. Tratava-se do projeto de um modelo de avião movido a gás. Era o jovem da biblioteca, um dos mais brilhantes projetistas aeronáuticos do país.

Por que tantas pessoas trabalham como loucas só pra poder ir à Disneylândia? Por que os videogames são mais populares do que o trabalho? Por que dirigir um carro é mais estimulante e prazeroso do que ir para o trabalho? Por que funcionários não graduados geralmente passam menos tempo na empresa do que os altos executivos? Por que passar anos sonhando e planejando a aposentadoria?

O motivo é simples e desanimador. O ambiente de trabalho é um lugar frustrante e infeliz, onde se faz o que mandam, pois inexistem formas de participar das decisões ou empregar plenamente seus talentos. Ao redor do mundo, chefes e supervisores ainda tomam todas as decisões mais importantes.

Nas últimas três décadas houve uma proliferação de especialistas que supervisionam quase todos os aspectos da vida da corporação. Muitos dos títulos e funções têm um ranço centralizador: serviços de reengenharia, recursos humanos, treinamento, controle ambiental, assuntos legais, finanças, administração de riscos, relações com investidores, relações com a comunidade, controle de produção, controle de qualidade.

Os esquemas básicos de remuneração também não mudaram significativamente. Os trabalhadores são pagos pelas horas que trabalham e, curiosamente, recebem pagamento extra se levam mais tempo que seu colega para terminar uma tarefa. Os supervisores e outros líderes recebem um salário fixo, relativo à sua responsabilidade, independentemente do tempo que levem para desempenhar suas funções. Em geral, podem ganhar bônus e crescente participação nos benefícios societários.

Como tem acontecido por quase três séculos, a maioria das organizações emprega apenas dois tipos de funcionário: o pessoal administrativo (os chamados executivos, líderes, supervisores, diretores e assessores) e os operários. A discriminação dos administradores contra os operários é mais sutil hoje do que foi durante a Revolução Industrial, mas seus resquícios são aviltantes e destrutivos.

Os operários ainda são "treinados" para as funções limitadas que devem desempenhar. Chefes adquirem maior especialização por meio de escolaridade ou fazendo estágio em diversos empregos. Muitos administradores organizacionais ainda acreditam que uma detalhada descrição de função para cada cargo é essencial para um impecável desempenho das operações.

Na maior parte das firmas, sistemas de "controle" impostos por auditores e gerentes limitam a possibilidade decisória de cada pessoa na utilização do dinheiro da companhia. A quantia é estabelecida em zero ou próximo desse número para os funcionários menos qualificados na escala da organização. O número geralmente sobe para cada nível de supervisão. No topo, o diretor executivo ou presidente pode com freqüência tomar a decisão de gastar milhões de dólares. Já o conselho de diretores tem margem para ainda mais.

A nomenclatura dos negócios se mantém basicamente a mesma. Termos como mão-de-obra ou custos de mão-de-obra, pessoal ou departamento pessoal ainda são comuns. Os economistas continuam a usar pessoas em fórmulas de cálculo:

mão-de-obra + material + capital = produção

A etiqueta "recursos humanos" tem conotação igualmente desumanizadora: temos recursos financeiros, recursos energéticos e recursos *humanos*.

Ao ler cartas escritas por executivos, percebi que quando uma organização quer elogiar seus funcionários diz coisas como: "Nosso pessoal é nosso melhor bem". Depois de usar uma expressão semelhante em um de meus relatórios anuais, pensei melhor. O que fazemos com nossos bens?

Nós os usamos. Compramos e vendemos. Nós os depreciamos. Quando estão gastos, nós os descartamos. Prometi que nunca mais usaria essa palavra para descrever as pessoas da minha organização. Não gosto nem mesmo da palavra funcionário, por sugerir uma associação com os humilhantes locais de trabalho da Revolução Industrial.

Trabalhador valorizado, trabalhador feliz

Muitos dirigentes empresariais estão muito mais preocupados com as tarefas que as pessoas desempenham do que com as próprias pessoas. Como na famosa frase satírica de Henry Ford: "Para que uma pessoa inteira, se tudo o que eu quero é um bom par de mãos?".

Anos atrás, visitei a China na companhia de três jovens funcionárias da AES. Elas tinham voltado para sua pátria após estudar em universidades tradicionais dos Estados Unidos. Revelaram-me como, em cada um dos casos, os pais haviam decidido por elas qual escola freqüentar e em quais matérias deveriam matricular-se. Isso aconteceu sem que nenhum deles tenha estudado em uma faculdade ou sequer viajado para fora da China. Aqueles pais trataram suas filhas adultas como criancinhas.

Nos países ocidentais ocorre o contrário. Quando os filhos são pequenos, nós (erradamente, eu penso) deixamos que escolham os amigos, a escola, as roupas, os filmes, as músicas e até mesmo a religião. Por outro lado, quando vão para o trabalho os chefes estabelecem o que devem fazer, além de como e quando.

Na época em que cursei a faculdade de administração, no fim dos anos 1960, havia uma considerável quantidade de pesquisas inovadoras a respeito de como os funcionários reagem a diferentes condições de trabalho. Em momentos de cinismo, eu dizia: "Seja legal com as 'máquinas' e elas produzirão mais para você".

Muitos especialistas têm argumentado durante os últimos cinqüenta anos que devemos rever os ultrapassados pressupostos vigentes em relação aos trabalhadores e realizar mudanças fundamentais no ambiente de trabalho. Compreender melhor o que leva as pessoas a se desenvolverem, aprenderem e curtirem o trabalho. Experimentamos as liberdades políticas e pessoais e nos apaixonamos por elas. A maioria de nós acredita que cada indivíduo é único e inestimável.

Então, por que tão poucas mudanças reais têm ocorrido nas grandes organizações? Se temos, hoje, uma percepção diferente quanto à natureza dos indivíduos, por que o ambiente de trabalho continua carregando tantas características típicas de dois séculos atrás? Por que a remuneração ainda é pensada como se as pessoas trabalhassem exclusivamente por dinheiro? Por que grande parte do poder é exercido pelos administradores? Por que ainda são os executivos que dominam tantas das chaves que controlam o comportamento organizacional? Se acreditamos que o ambiente de trabalho de Collin Doherty leva ao tédio, ao vazio e à insatisfação, por que não houve uma "revolução" da Era da Informação para corrigir tais problemas?

Acredito existirem três razões para a resistência à mudança. A primeira é a inércia. Quando algo está se movendo em uma direção, são necessárias forças extraordinárias para mudar seu curso. Reestruturar o ambiente de trabalho instituído pela Revolução Industrial é como tentar parar uma potente locomotiva na descida da montanha. Nada, nos locais de trabalho contemporâneos, alcançou a força das inovações que ocorreram no século XVIII.

A segunda razão é que a Revolução Industrial foi tão eficiente que ninguém quer mexer em sua bem-sucedida fórmula de organização do trabalho. Os ganhos em assistência à saúde ampliaram a expectativa de vida em quase quarenta anos. A renda familiar média cresceu e, mesmo com a grande disparidade entre ricos e pobres, a miséria foi substancialmente reduzida. A revolução verde – ocorrida nas décadas de 1960 e 1970, foi o processo de invenção e disseminação de novas sementes e práticas que permitiram um vasto crescimento da produção agrícola em países menos desenvolvidos – tornou tecnicamente possível eliminar a fome e a desnutrição, desde que não haja a intervenção de governos corruptos nem guerras civis.

Poucos poderiam questionar que nosso sistema corporativo tenha produzido progresso social e enormes riquezas. Mesmo que o efeito colateral seja a criação de um ambiente de trabalho sufocante e desagradável, muitos dirigentes empresariais acham que esse é um preço que vale a pena.

A terceira razão é que uma mudança positiva na organização do trabalho iria requerer que os executivos abrissem mão de grande parte de seu poder e controle. Esse é o principal empecilho para uma transformação radical do ambiente profissional. É pequeno o número de pessoas dispostas a dar os corajosos passos necessários para jogar no lixo o modelo de ambiente profissional que reduz os funcionários a pouco mais que *hamsteres* correndo na roda.

É claro que nem todos os ambientes de trabalho são infelizes. As exceções podem ser encontradas em todos os tipos de instituição – comerciais, não lucrativas e governamentais. Mas em geral não são tão progressistas quanto seus dirigentes imaginam. Organizações pequenas, especialmente aquelas em que a maioria da força de trabalho é homogênea, com histórico social e educacional semelhante, freqüentemente terão um ambiente de maior coleguismo do que organizações da era industrial. Escritórios de advocacia e grupos de consultoria geralmente operam de um jeito que torna o trabalho gostoso – pelo menos para os sócios. Os colaboradores, escriturários e outros funcionários desse tipo de firma, no entanto, podem ter uma experiência profissional tão infeliz quanto a de Collin Doherty.

Há forças que conspiram para devolver as estruturas das organizações ao modelo "testado e aprovado" do passado. O rápido crescimento absorve a energia necessária para a inovação estrutural. A pressão de investidores agressivos ou de um desempenho econômico insatisfatório pode levar os executivos a apostarem no que é seguro. Eles optam por organizar o empreendimento seguindo uma linha convencional. E, finalmente, nenhuma mudança se sustenta a não ser que os dirigentes possuam uma inabalável convicção de que as alterações são corretas e necessárias. Para isso, precisa-se de líderes com coragem, força e alto grau de clareza moral.

São barreiras de difícil superação. As qualidades necessárias para operar mudanças radicais são raras, mesmo entre dirigentes que partilham da minha filosofia e reconhecem os resultados animadores. Não é surpresa que tão poucas organizações tenham implantado reformas nos locais de trabalho. Também não surpreende que pouquíssimas tenham conseguido mantê-las. Não deve causar espanto que a cultura da lida penosa e chata pareça tão disseminada quanto há duzentos anos.

Muitas das empresas que surgem atualmente começam com abordagens flexíveis e voltadas para o aspecto humano. Com freqüência isso inclui pessoas com poder de decisão, uma estrutura organizacional nivelada e um ambiente de camaradagem. A informação é compartilhada, os relacionamentos são confiáveis e os sistemas de gerenciamento, praticamente inexistentes.

Nos primeiros dias da AES, eu me senti tranqüilizado porque achava nossos valores e princípios compartilhados bem fáceis. "Espere até que cresçam", disseram os diretores mais experientes. "Isso não vai funcionar quando vocês forem maiores e mudanças profundas forem necessárias", insistiam. Eles pensavam no fato incontestável de que a maioria das novas empresas logo passa a se preocupar mais com o aumento da eficiência e a obtenção de lucros do que com a criação de um ambiente mais prazeroso e humano.

O comportamento burocrático continua a ser o coração e a alma dos ambientes de trabalho. Decisões importantes ainda são tomadas no topo da pirâmide. O restante dos líderes e funcionários é deixado de fora do processo ou, na melhor das hipóteses, consultado em relação a sugestões.

A maior parte dos empregados de uma grande organização raramente vê, encontra ou conhece o presidente ou outros diretores graduados. Ao longo dos anos, muitos funcionários da AES me procuraram para agradecer as conversas que tivemos. "Nunca me encontrei com o gerente da fábrica na empresa onde trabalhava antes", era o refrão que se repetia em quase todas as viagens que fiz pela companhia. Na verdade, o que estavam me dizendo era: "Na outra empresa eu não valia. Aqui eu sou importante".

Mesmo a atual ênfase em "treinamento" causa indignação. Treinam-se cavalos e cães. Crianças são treinadas para deixar a fralda. É claro que existem casos em que as pessoas necessitam de treinamento para desempenhar funções altamente especializadas, mas a primeira imagem que me vem à mente é a de abrir o topo da cabeça da pessoa e despejar informações lá dentro. É como se pusesse óleo em uma máquina ou instalasse um programa em um computador.

A educação amplia nossa experiência e capacidade de compreensão; o treinamento confina a pessoa, ensinando habilidades restritas. Só que, baseados na bela descrição de treinamento feita por administradores e departamentos de RH, como poderíamos adivinhar que é um beco sem saída?

Eles convencem os funcionários de que o treinamento é uma forma de progredir na carreira. Eu acredito que seria melhor substituí-lo por educação. Só ela permite que a pessoa procure a informação que considera importante. Apenas a educação oferece a possibilidade de transformar sua vida profissional.

Embora os relógios de ponto já não sejam encontrados com tanta freqüência quanto no passado, a maior parte dos funcionários de nível mais baixo ainda bate cartão, pelo menos metaforicamente falando. Na maioria das organizações, poderia perfeitamente haver um cartaz: "As máquinas começam às 8h00. E você é uma delas".

Já os escritórios administrativos não têm responsabilidade direta pela produção de um produto ou pela oferta de um serviço. Em seu papel de "suporte" e "coordenação", freqüentemente tiram o poder e o controle das pessoas com responsabilidade de linha. Seu controle das informações vitais e a usurpação de funções antes desempenhadas pelas organizações os transformaram na maior fonte de rotinas chatas para os trabalhadores.

Poder compartilhado

Além do desejo por *status* e poder, existem outras forças poderosas que empurram as empresas para a centralização:

Tecnologia de informação e coleta de dados: o livro *Macrotendências* (Editorial Presença, 1996), de John Naisbitt, sugere que tecnologias como a internet ajudam a descentralizar as organizações, as tornam mais democráticas e dão poder a um maior número de funcionários. Será verdade? Ainda é cedo para uma resposta. Entretanto, a mesma tecnologia capaz de permitir que as pessoas tomem decisões de forma descentralizada também pode ser utilizada no sentido inverso – centralizando tudo.

A centralização pode ter efeito fortemente negativo sobre o ambiente de trabalho. Reforça a idéia de que os empregados das fábricas são autômatos, com pouco ou nenhum controle sobre a maneira como trabalham. Tenta mostrar também – mais do que mostrar, convencer – como sua unidade é organizada e operada. Parece sair direto das páginas do livro *1984* (Nacional, 2003), de George Orwell.

Soluções vindas "de cima" para solucionar enganos e problemas: Ken Woodcock foi o primeiro e mais eficaz a atuar, em tempo integral, com desenvolvimento de negócios na AES. No início, compareceu à reunião mensal de avaliação trazendo um problema: duas semanas depois que visitava um cliente em potencial, um concorrente fazia novas propostas alternativas.

Alguém sugeriu que o problema poderia estar no boletim interno da empresa, feito para informar todo o pessoal das nossas realizações. A solução óbvia seria pedir a Ken que fosse um pouco menos específico. Um funcionário mais velho, no entanto, foi inflexível: o boletim inteiro deveria ser revisado por mim antes de ser distribuído. Todos aceitaram a proposta. Poucos minutos após deixar a reunião, percebi que havíamos tomado a decisão sem ouvir as pessoas responsáveis pela elaboração do boletim.

Foi um fato sem importância, mas me mostrou como, sem tomar o cuidado necessário, subestimamos a descentralização em razão de um engano cometido. Há, inclusive, uma teoria de que erros e problemas serão evitados se as pessoas de alto escalão tomarem todas as decisões. Freqüentemente, porém, pessoas em funções subalternas estão mais próximas do problema e em melhor posição para oferecer uma solução, especialmente se solicitarem conselhos aos colegas.

Na AES, a tendência para recorrer aos altos executivos foi maior quando o preço de nossas ações caiu, em 1992 e novamente em 2001 e 2002. Quando a curva de preços começou a descer, muitos membros do conselho clamaram por centralização, simulando uma garantia de que os negócios estavam sendo conduzidos de maneira convencional e "segura".

Regulamentação governamental: as agências do governo quase sempre desejam tornar os altos executivos responsáveis por cada um dos aspectos operacionais de uma empresa. Será que acreditam realmente que isso levará as companhias a agirem mais eticamente? Eu não acredito na existência de evidências comprovando essa verdade. Certa é, sim, a extirpação da satisfação daqueles que estão profundamente envolvidos com a organização e diariamente se alegram ao se sentir responsáveis por tornar os negócios mais produtivos, bem-sucedidos – e mais éticos.

Fornecedores de serviços: por anos tive a impressão de que todos os banqueiros, corretores de seguros e fornecedores de carvão do mundo telefonavam para o meu escritório tentando marcar uma entrevista e vender serviços de toda espécie para a AES. Eles queriam me convencer – ou o diretor financeiro ou outro executivo do escritório central – que deveriam receber uma boa participação em nossos negócios. Tal procedimento, aparentemente inofensivo, poderia facilmente resultar na centralização da contratação de serviços para as fábricas em outros países.

Com o tempo, percebi que precisava sair do centro de relacionamento com esses fornecedores: as equipes de desenvolvimento de negócios das diversas unidades conheciam melhor que eu suas necessidades e quem melhor poderia atendê-las.

Aquisição de conhecimento e especialização: na AES, um objetivo importante é obter conhecimentos que possam ser aplicados aos negócios. Se não for abordado com cuidado, esse procedimento também pode dar margem à centralização.

Quando as pessoas da AES aprendiam coisas importantes para o sucesso da companhia, tendíamos a colocá-las como responsáveis pela área ou departamento onde tal conhecimento era essencial. A lógica era simples: as pessoas geralmente sentem-se confortáveis tomando decisões a respeito de assuntos que lhes são familiares. Também lhes agrada ser procuradas para oferecerem sua recém-adquirida especialização. A desvantagem é que seus colegas ficam dependentes. Isso cria uma forma própria de centralização na própria unidade, que em última instância é a responsável por tornar o trabalho prazeroso.

Um engenheiro de uma fábrica química da ARCO contou que o desempenho operacional era significativamente melhor nos fins de semana, quando os supervisores, engenheiros e outros líderes não estavam na fábrica. Sua conclusão: os técnicos se sentiam mais engajados e reagiam mais rapidamente aos problemas sem os chefes olhando por cima de seus ombros. Quando os supervisores estavam na fábrica, a propensão dos técnicos era esperar que eles administrassem a situação.

Outro exemplo veio dos construtores de uma varanda em minha casa. Quando lhes pedi um relatório do trabalho, responderam: "Depende de quanto tempo o chefe passar aqui. A gente trabalha mais rápido quando ele não está. Assim, ninguém fica esperando ele dizer o que é para fazer ou que resolva os problemas, nem que adivinhe quando vamos precisar de mais material". Ou seja, os trabalhadores ficam passivos sob o controle dos chefes. Colocar na linha os talentos individuais é essencial para a criação de um ambiente saudável, em que se possa *curtir* o trabalho.

Conselhos diretores: nessa arena eu piso com cuidado, pelo receio de ser mal interpretado. Acatar opiniões de funcionários é muito mais difícil para os membros dos conselhos, que não estão ali em tempo integral. É provável que os conselheiros jamais tenham encontrado quaisquer funcionários, e menos ainda que os conheçam bem o suficiente para confiar em suas decisões.

A tendência natural dos conselheiros é desejarem que um executivo mais antigo ou o diretor de uma fábrica tome as decisões importantes. Eles argumentam que a sociedade e os sócios cobram deles a responsabilidade pelo desempenho da empresa.

É um bom argumento, mas apenas até certo ponto. Dirigentes seniores e membros do conselho *são* responsáveis, mas não é exeqüível esperar que aprovem – ou mesmo que acompanhem – cada uma dos milhares de decisões tomadas no âmbito da companhia.

A divisão da responsabilidade

Quando da minha primeira visita a Uganda, em 1999, meu anfitrião levou-me à nascente do Nilo. Depois seguimos para a parte do rio onde planejávamos construir uma nova unidade hidráulica. Nossa terceira parada foi em uma imensa plantação de cana-de-açúcar, de propriedade da família que estava me recebendo.

Circulamos de carro pelos extensos campos onde centenas de pessoas trabalhavam. Quando passamos por uma área com casinhas pequenas e maltratadas, meu anfitrião disse que eram oferecidas de graça para os trabalhadores. Mostrou-se ainda mais entusiasmado quando visitamos uma construção que servia como escola e centro médico.

"Nós oferecemos escola e assistência médica grátis. Temos famílias inteiras que estão conosco há anos", disse.

"Quanto vocês pagam para os trabalhadores?", perguntei.

"O suficiente", foi a resposta. "Na verdade eles não precisam de muito. São bem cuidados aqui na fazenda". Meu anfitrião tinha muito orgulho daquilo que sua família, uma das mais conceituadas de Uganda, tinha realizado. E perguntou, ansioso por minha reação: "O que é que você acha?".

"Este é um dos lugares mais deprimentes em que já estive", respondi, usando só um pouquinho mais de eufemismo. "Pelos padrões de Uganda, vocês estão cuidando bem dessas pessoas, mas não permitem que cresçam e se tornem adultos independentes."

O paternalismo, seja em uma plantação de cana-de-açúcar em Uganda, seja em minas de carvão dos montes Apalaches, seja entre pescadores do Nordeste brasileiro, seja em uma moderna corporação norte-americana, está longe de ter acabado. Dirigentes de todo o mundo ainda sentem necessidade de tomar conta de seus empregados.

Superficialmente, isso é uma responsabilidade admirável, mas o paternalismo assume um aspecto diferente quando examinado mais de perto. Ele mantém as pessoas em um estado de dependência infantil e impede que os trabalhadores assumam o controle de seu trabalho e de sua vida. Os trabalhadores não estão nunca em posição de correr riscos ou tomar decisões e, conseqüentemente, nunca desenvolvem plenamente seu potencial. Por fim, o paternalismo mata qualquer chance de *curtir* o trabalho.

Quando a AES adquiriu uma usina hidráulica na província de Hunan, na China, ficamos perturbados com a difícil situação dos trabalhadores. A assistência médica e a educação estavam abaixo dos padrões mínimos. Eu queria fazer algo para ajudar aquelas pessoas. Era um impulso de compaixão, que me levava a dizer: "Precisamos intervir". Algumas vezes, reagimos às necessidades dos funcionários garantindo assistência médica ou prometendo garantia de emprego, salários mais altos, programas de treinamento e assistência às crianças.

Entretanto, embora seja necessário dar respostas aos problemas dos nossos empregados, não devemos fazê-lo para ser "legais" ou "bonzinhos". Não tenha medo de tentar abordagens novas, que propiciem a eles o controle sobre como desejam viver a própria vida. Em vez de oferecer escola e moradia, pague o suficiente para que possam escolher o que é importante para eles mesmos e seus familiares. Resista à tentação de oferecer empregos vitalícios. Tratar os empregados como crianças não é o melhor para eles nem atende aos interesses da organização.

Antigamente, a concentração da produção em fábricas ou fazendas era a principal razão pela qual as pessoas odiavam o trabalho. Hoje, a ênfase nos lucros e no preço das ações tem excluído as importantes qualidades humanas necessárias para a condução de um negócio saudável – caráter, valores e preocupação com os colegas – e a integridade de um empreendimento mais abrangente. Desde os indivíduos que julgam seu *status* pelo seu saldo bancário até as corporações que manipulam resultados financeiros para aumentar o preço das ações, o desejo por riquezas com freqüência cria sistemas e práticas maléficas. São ações centralizadas e mecanicistas que ficam ditando tudo – de níveis salariais a controle de custos – e tiram todo o prazer do trabalho.

Apesar de uma aparente melhora, o ambiente de trabalho não se tornou mais gratificante nos últimos cinqüenta anos. A eficiência econômica permanece como principal medida de sucesso. Poucas pessoas são tratadas como adultos plenamente desenvolvidos, capazes de tomar decisões sólidas. Os trabalhadores continuam a ser tratados como máquinas ou burros de carga. Até parece que a empresa deseja extrair a maior parte de seus "bens" antes de se livrar deles, como quem chupa uma laranja e joga o bagaço. E os operários raramente têm a chance de tomar decisões ou agir segundo seu julgamento. A ausência de independência pode ser, hoje, o fator mais debilitante e desmoralizante em um ambiente de trabalho.

Contudo, dentro de uma típica empresa moderna, o panorama costuma ser esse. E, pelo menos à primeira vista, os empregados, principalmente os de escalão mais baixo, não parecem estar muito preocupados com satisfação profissional.

"Gosto muito das coisas que você está dizendo, Dennis, mas o que eu realmente desejo é segurança. Não quero me arriscar a perder o emprego", dizem alguns. E eu pergunto, então: "Qual é o lugar mais seguro em que você poderia estar?". Depois de algumas rodadas de hipóteses e sugestões, geralmente concluímos que "prisões" seriam os lugares a oferecer maior segurança, com cama e comida.

Precisamos idealizar organizações que encorajem as pessoas a olhar além de uma garantia de emprego. Elas devem procurar a gratificação psicológica, que vem de uma abordagem criativa e empreendedora do trabalho. Muitas das maiores organizações do mundo estão cheias de pessoas iludidas pelo objetivo sem saída que é a busca de segurança, o inimigo do prazer no trabalho.

Segundo minha experiência, a maior parte das pessoas não acredita que prazer e trabalho possam coexistir. A maioria dos funcionários anseia por altos salários, muitos benefícios, menos horas de trabalho, o despreocupado conforto da rotina, menor responsabilidade, aposentadoria precoce e garantia de emprego. Todas essas coisas são substitutos vazios para um ambiente profissional gratificante e estimulante.

Se você tiver sorte, o ambiente de trabalho criado pela Revolução Industrial pode botar comida na mesa, pagar a escola dos seus filhos e até mesmo garantir uma aposentadoria confortável. Mas onde está o amor pelo trabalho e pelas realizações? Onde estão as outras características, dons e fraquezas que nos tornam humanos? Onde está a paixão por ser útil?

Talvez essas coisas tenham sido deixadas lá na fazenda de Collin Doherty, ou quem sabe terão se perdido na corrida por produtividade e lucros. No entanto, acredito que algo tão fundamental à natureza humana não pode ter desaparecido para sempre. Se eu estiver certo, então o amor pelo trabalho e pelas realizações transcenderá mesmo um momento tão poderoso quanto a industrialização.

Essas características permanecem vivas em muitos lares, são pregadas em nossas igrejas, sinagogas e mesquitas. Elas perduram em nossa lembrança do trabalho em equipe e espírito de competição, nos ginásios e nas arenas esportivas. Tenho a confiança de que a paixão por ser útil não poderá ficar muito tempo ausente do local em que passamos a maior parte das horas que ficamos acordados – o trabalho.

Fomos criados únicos. Quando todas as habilidades são utilizadas ao mesmo tempo, sentimos algo que se aproxima do puro prazer.

3

DA TRISTEZA À ALEGRIA

"Não existe nada tão divertido quanto trabalhar." Esse era o lema do Doutor Charles Mayo, fundador de uma famosa clínica médica. A chave é a liberdade pessoal para agir e tomar decisões usando habilidades e talentos individuais. É um conceito simples, mas impossível de ser levado a cabo devido aos empecilhos impostos por grandes organizações. Foi isso que a AES descobriu com uma de suas primeiras usinas de energia.

Eu tinha acabado de voltar a meu quarto de hotel após um longo dia de trabalho. Tentava convencer alguns burocratas de alto escalão do governo estadual da Flórida de que a usina em construção em Jacksonville obedecia a todas as exigências da lei (e mais algumas). Às 10h30 da noite, fiquei perplexo com aquilo que ouvi de Bill Arnold, o gerente da usina da AES em Shady Point, Oklahoma, nossa mais nova, maior e mais lucrativa instalação geradora de energia. As novidades que ele me contou deram início aos seis meses de aprendizado mais intensos de toda a minha carreira profissional.

Um dos assistentes de Bill tinha descoberto uma fraude: nove técnicos falsificaram os resultados do teste de água da usina. Enviaram dados incorretos sobre a qualidade da água para os inspetores da Agência de Proteção Ambiental. Mesmo sem provocar danos ao rio, aquilo representava uma quebra do nosso compromisso com integridade e responsabilidade social.

Mais ou menos uma semana depois, Roger Sant e eu escrevemos uma carta muito forte e franca para nossos empregados e acionistas. A carta dizia assim:

> Caros acionistas e funcionários da AES,
>
> Algumas notícias desconcertantes acabam de chegar ao nosso conhecimento e, por coerência, sentimos que deveríamos compartilhá-las com vocês.
>
> Na quinta-feira, 18 de junho, notificamos à Administração de Proteção Ambiental e ao Estado de Oklahoma nossa descoberta de que, no curso de uma avaliação interna, relatórios de lançamento de água da usina da AES em Shady Point, Oklahoma, haviam sido falsificados.
>
> Obviamente ninguém da estrutura administrativa fora da área de tratamento de água estava ciente de tais violações. As pessoas envolvidas declaram que falsificaram as amostras porque temiam por seu emprego, caso relatassem uma violação. Nunca, porém, alguém perdeu seu emprego na AES por dizer a verdade; isso nunca acontecerá enquanto a decisão for nossa.
>
> Tal atitude é de difícil compreensão, já que se trata de um tipo menor de erro, esperável no primeiro ano de operação de uma instalação nova. Desde que a violação foi constatada, adequamos os procedimentos operacionais. Estamos incluindo novos equipamentos, de forma que tais incidentes sejam altamente improváveis no futuro.
>
> O que mais nos desaponta é que ninguém tenha mencionado tais violações em nenhuma das duas pesquisas de valores, anônimas e confidenciais, realizadas em Shady Point.

> Tal ação nos leva a questionar nosso desempenho em relação a ideais. Um dos dogmas fundamentais desta companhia são seus valores compartilhados. Acreditávamos ter explicado esse conceito suficientemente para que incidentes desse tipo jamais ocorressem. Tentamos tratar as pessoas como adultos. Confiamos em sua honestidade, julgamento, maturidade e profissionalismo – mais do que em detalhamento de procedimentos, manuais e acompanhamento minucioso da supervisão.
>
> Não conseguimos compreender por que alguém trairia nossa integridade para fazer o desempenho ambiental parecer melhor. Esperamos que as providências tomadas hoje solucionem o problema, mas estamos envergonhados, desapontados e zangados por tal fato ter ocorrido na AES.

A carta vazou para a imprensa, e então aprendemos, na prática, que a franqueza pode ser mal interpretada pelo público investidor. Era o início da empresa com o modelo de capital aberto, e muitos investidores assumiram que a transgressão em Shady Point seria um desastre econômico. Na verdade, foi apenas uma pequena multa, pois não houve dano ao ambiente. Mesmo assim, o preço de nossas ações caiu 40 pontos porcentuais no dia em que a carta circulou. A queda repentina somou-se à baixa de 20% do mês anterior por causa de problemas na Flórida, onde uma associação de bairro apresentara sérios obstáculos a nossa licença de construção.

Antes da queda das ações, importantes membros do conselho e executivos seniores ficaram preocupados com o incidente. Começamos a investigar. Além de pensar em disciplina e na reabilitação dos envolvidos, passamos a perguntar o que poderia ser melhorado na contratação, liderança e educação para minimizar os riscos de que algo semelhante voltasse a acontecer.

Depois da queda do preço, a natureza das nossas ações alterou-se dramaticamente. Entramos em pânico. Nossa ênfase migrou da revelação para o controle de danos. Grande parte da atenção era destinada a tranqüilizar os acionistas. Um séqüito de advogados aterrissou na usina para "proteger o ativo".

Parecia que a maior parte dos nossos líderes, especialmente membros do conselho, estava mais preocupada com a queda das ações do que com a violação dos nossos valores. A primeira sugestão dos advogados foi a demissão dos nove envolvidos. Quando eu perguntei a razão, eles responderam: "A Agência de Proteção Ambiental vai ser mais suave com você". Para mim, esse era um motivo inaceitável para demitir um funcionário. Acertada ou erradamente, decidi que ninguém seria demitido, desde que admitisse ter agido errado, aceitasse a punição e prometesse, no futuro, pautar-se pelos valores da AES. Sob tais condições, sete dos nove envolvidos acabaram por deixar a empresa no espaço de um ano.

Diversos dos nossos executivos levantaram a possibilidade de nossa abordagem ser uma parte grande do problema. Foi como se toda a companhia estivesse à beira da ruína. Eles se precipitaram ao concluir que nossa descentralização radical, ausência de níveis hierárquicos e estilo operacional não-ortodoxo tinham causado o colapso "econômico".

É claro que não havia nenhum colapso econômico *real*. O preço das ações tinha baixado. Só isso. Para piorar, um dos nossos vice-presidentes seniores fez uma apresentação ao conselho sugerindo que "proteger nosso ativo" era o objetivo principal da companhia, em lugar de "atender às necessidades de eletricidade". Ele queria dizer: devemos seguir uma estratégia defensiva, conduzida por uma equipe de advogados, para evitar problemas legais, ambientais e regulamentares.

Discutiu-se também a criação de um novo nível, com vice-presidentes operacionais entre mim e os cinco diretores de filiais da época. Uma reunião dos treze mais graduados dirigentes da companhia foi convocada quando eu estava ausente da cidade. Nessa reunião, um executivo sênior sugeriu que o conselheiro externo se tornasse *vice-chairman*, com autoridade sobre mim em assuntos que envolvessem "condescendência". O grupo realizou uma votação experimental que revelou 11 a favor das novas idéias e apenas 2 contra.

Um mês depois que os problemas começaram, Bill me telefonou. Ele pediu que eu não fosse mais às instalações de Oklahoma. Os advogados pressionavam. E, devido a uma compreensível perda de confiança, a unidade decidiu voltar a uma abordagem "segura" de administração das instalações industriais. Retornaram os supervisores de turno, um gerente assistente e um novo departamento ambiental que se reportava ao gerente da usina (para ter certeza de que os funcionários do tratamento de água tinham feito a coisa certa). Essas medidas aumentaram em mais de 30% o número de funcionários administrativos. Bill disse que eu não ficaria feliz com as mudanças. Acrescentou que os empregados se sentiriam "desconfortáveis" com minha visita, como havia feito no passado.

Se pudesse, eu teria rejeitado o pedido. Fiquei magoado, senti-me humilhado. Mas tinha um problema maior a resolver: lutar com o conselho para preservar nossos valores e meu emprego. Assim, disse ao pessoal da AES que havia sido "demitido" daquela usina. Por mais de seis meses não encontrei os gerentes de Shady Point; quando nos reunimos, foi "fora do campus". Quando finalmente voltei a visitar a unidade, um mês depois desse encontro, fui saudado com uma ovação. Foi um dos momentos mais doces da minha carreira.

Nos seis meses que se seguiram à queda no preço das ações, houve considerável pressão para que diminuíssemos a "retórica" quanto aos valores. Muitos executivos achavam arrogante falar desses ideais em público, uma vez que não os praticávamos sempre. Além disso, lucros – e não valores – eram a preocupação dos investidores, então "não vamos falar a respeito fora da companhia", disse um conselheiro.

Mais uma vez, voltou a ladainha. "Dennis, esse papo não funciona. Precisamos reconsiderar", disse um associado. Foram longas discussões quanto a mudar ou não, nos documentos de oferta pública, a maneira como a companhia descrevia a relação entre valores e lucros. Durante aquele período eu me senti depreciado e incerto em relação ao apoio que tinha entre os membros do conselho, que pareciam gostar dos nossos valores apenas por gerarem boa repercussão na mídia e serem populares entre os funcionários. Tive a sensação de lutar sozinho por algo correto.

Tudo isso gerou grande desgaste entre Roger e mim. Passamos a maior parte do dia na casa dele, discutindo o que fazer. O conselho havia perdido a confiança em mim e em minha visão de liderança. Acho que Roger também. Deveríamos dividir a empresa? Um de nós deveria renunciar?

Ele não estava curtindo aquilo, e eu também não. Disse-lhe que gostaria de ficar e fazer a companhia funcionar. Decidimos que eu visitaria todos os membros do conselho que estavam conosco desde o início e me desculparia pelo que aconteceu. Pediria que me dessem uma nova chance para mostrar que podia dirigir a companhia e deixá-los orgulhosos.

Aprendendo com o erro

Uma das coisas que aprendi foi que tinha transmitido muito mal nossos valores e princípios. Como uma empresa, não havíamos compreendido de maneira prática como eles modelavam nossa forma de organizar conjuntamente o trabalho e a vida. Nossos valores, e talvez principalmente o "gosto pelo trabalho", tinham se transformado em palavras para relações públicas. Na melhor das hipóteses, sua ligação com as operações do dia-a-dia da companhia era superficial. Além de alguns membros mais antigos da direção e três ou quatro gerentes de filiais, poucos tinham sentimentos suficientemente fortes em relação aos valores para aderir ao caminho iniciado poucos anos antes. Isso ficava claro quando as ações baixavam ou surgia outro problema financeiro.

O deslize do nosso grupo em Oklahoma era pequeno se comparado a fatos semelhantes ocorridos em dezenas de grandes organizações administradas convencionalmente. Será que uma fórmula mais tradicional protegeria a AES dos enganos? E, mais importante: eu estava convencido de que o enfraquecimento dos nossos valores e princípios pactuados tiraria muito do prazer de trabalhar para a AES.

Esses questionamentos me levaram a examinar cada aspecto da minha filosofia empresarial. Em alguns meses, estudei duro. Queria aprender a respeito de pessoas e organizações. Naquele verão, saí em férias sabendo que quase tinha perdido meu emprego. Tinha certeza de que se continuasse com minha abordagem radical em relação ao ambiente de trabalho correria o risco de ser substituído a qualquer momento.

Compreendi que a maior parte dos membros do conselho não concordava com minha filosofia, não apoiava minha visão de liderança e nem sequer era minimamente leal a mim. Não esqueci disso nos dez anos que se seguiram, nem mesmo quando nossas ações subiram rapidamente e muitos conselheiros elogiaram e demonstraram entusiasmo por minha abordagem administrativa. Continuei sustentando que nossos valores não eram responsáveis pela escalada de preços nem deveriam ser considerados culpados por qualquer queda futura.

Durante as férias, avaliei duas possibilidades: poderia recuar e adotar uma linha mais convencional para minhas ações e comunicações, especialmente fora da companhia. Ou, como um dos vice-presidentes seniores tão habilmente falou alguns meses depois, eu poderia "levantar bem alto a bandeira dos valores e marchar para a frente, em plena velocidade". Voltei das férias decidido a marchar ardentemente.

Comprometi-me a transmitir nossos valores através de palavras e atos, todos os dias. Planejei viajar freqüentemente para todas as unidades da companhia. Todas as comunicações externas incluiriam uma breve explanação sobre nossos propósitos e princípios e sobre como eles se incluem no esquema geral dos negócios. Decidi voltar aos fundamentos, especialmente em relação ao objetivo de tornar a AES um local de trabalho prazeroso. Defini uma nova lista de pressupostos a respeito de pessoas.

Desafiei outros líderes da empresa, e eu mesmo, a avaliarmos cada um dos aspectos do plano organizacional existente e cada sistema implantado ou proposto. Sugeri escolher sempre a alternativa mais coerente com nossos valores, para aumentar as possibilidades de criação de um ambiente gratificante, instigante, vibrante e bem-sucedido. A meta era *curtir* o trabalho.

Os pressupostos a respeito de pessoas no ambiente profissional foram colocados no papel pela primeira vez no verão de 1992, após a tormenta de Shady Point. Assim, as pessoas da AES:

- são criativas e atenciosas, adultos confiáveis e capazes de tomar decisões importantes;
- são responsáveis e reputáveis por suas decisões e ações;
- são falíveis. Todos cometemos erros, às vezes intencionalmente;
- são únicas;
- desejam usar seus talentos e habilidades para contribuir de forma útil com sua organização e com o mundo.

Minha hipótese é que um local de trabalho prazeroso é aquele que oferece às pessoas um ambiente adequado à natureza humana. Embora cada indivíduo seja diferente, existem características comuns a todos nós. Como cada um é único, criar uma comunidade profissional que nos permita *curtir* e que satisfaça nossas necessidades individuais, sendo também economicamente bem-sucedida, é uma difícil missão.

Um dos problemas para criar um ambiente de prazer é a visão de que o trabalho é um mal necessário. Freqüentemente, proponho às pessoas um jogo de associação de palavras. Quando digo "trabalho" e pergunto o que lhes vem à mente, invariavelmente respondem com palavras como "duro", "tédio", "algo que eu tenho de fazer", "chato" e "difícil". As mesmas palavras são usadas por quem tem mais de vinte anos de emprego e por aqueles que ainda estão na escola e talvez não tenham experimentado senão empregos temporários ou de meio período. Seus pais e amigos destruíram suas expectativas mesmo antes que atingissem a idade de trabalhar.

Para cristãos, judeus e muçulmanos, a história de Adão e Eva é freqüentemente citada como a razão para o trabalho ser difícil. No Jardim do Éden, o casal cuidava dos animais, cultivava o chão e colhia frutas e vegetais. Ou seja, os dois pareciam passar a maior parte do tempo "trabalhando". E isso não era duro ou chato. Era o paraíso. Uma experiência sublime. Só que eles pecaram, foram expulsos e a vida se tornou difícil. É essa última parte que parece marcar nossa atitude e nossas expectativas em relação ao trabalho. Mas há outra forma de interpretar a história: Deus queria que o local de trabalho fosse belo, estimulante e satisfatório. A partir dessa perspectiva, é nossa responsabilidade fazer tudo o que pudermos para transformar o ambiente de trabalho naquilo que foi idealizado.

Nos locais de trabalho, pergunto qual é o fator mais importante para tornar o ambiente profissional gratificante, satisfatório, instigante e gostoso. As respostas típicas não surpreendem:

- "Ter bons amigos".
- "Bom ambiente".
- "Ser desafiador".
- "Poder fazer aquilo que sei fazer bem".
- "Jogo limpo".
- "Aprender muito".
- "Fazer alguma coisa que vale a pena".
- "Ser necessário".
- "Ser considerado uma pessoa".
- "Vencer".
- "Ser parte de uma equipe".
- "Ter responsabilidade significativa".

É óbvio que um bom ambiente profissional apresenta algumas características que ajudam a torná-lo gostoso. Um bom relacionamento com os colegas e supervisores é uma resposta freqüente. No entanto, quando pergunto se já trabalharam em algum lugar que não *curtiam,* mas onde tinham bons amigos, quase todos respondem enfaticamente que sim. Ou seja, bons relacionamentos e camaradagem não são o fator determinante para o ambiente de trabalho ser considerado gostoso.

Salário alto e bons benefícios quase nunca são mencionados. Na minha opinião, as pessoas fazem do salário um fator excessivamente importante na escolha do emprego. Mais tarde, descobrem que a satisfação no trabalho tem pouca relação com o nível da compensação financeira que recebem.

Um ambiente de trabalho especial tem diversos ingredientes. O sentimento de ser parte de uma equipe. O senso de comunidade. Saber que aquilo tem um propósito real, tudo isso ajuda a tornar o trabalho mais prazeroso. Mas a possibilidade de usar os talentos e habilidades individuais para fazer algo útil, significativo e de valor é, de longe, o fator mais importante. Quando os chefes tomam todas as decisões, tendemos a nos sentir frustrados e impotentes, como crianças já crescidas a quem os pais dizem o que têm de fazer.

A diferença pode ser mais bem compreendida se observarmos a natureza dos esportes. No basquete, por exemplo, a coisa mais gostosa não é passar a bola, mas arremessar. Aí eu pergunto:

– Quando é mais gostoso arremessar?

– Durante o jogo – é a resposta.

– Quando, durante o jogo?

– Quando só faltam dois segundos para o fim e meu time está 1 ou 2 pontos atrás, ou estamos empatados.

– Em que tipo de jogo?

– Em finais de campeonato.

Todo jogo é uma curtição, mas é muito mais excitante e gratificante quando se está disputando algo importante e quando se desempenha um papel-chave no resultado da partida. Seguindo a mesma linha de raciocínio, podemos perceber que, enquanto crianças menores gostam de jogos de carta ou tabuleiro que dependem da sorte, adultos preferem jogos que exigem habilidade, estratégia ou memória. Em outras palavras, quanto mais desafiador, melhor.

Saídas inteligentes

Não acredito que o estresse determine se um trabalho é ou não prazeroso. A decisão do campeonato de futebol foi estressante? É claro! E diminuiu o prazer de jogar? Não, muito pelo contrário.

O estresse intensifica a experiência, desde que a pessoa tenha algum nível de controle sobre o que acontece. O estresse debilitante deriva da falta de controle. As pessoas mais afetadas são gerentes de nível médio presos entre os altos executivos, que não lhes dão poder para tomar decisões, e os subordinados, que os pressionam constantemente, cobrando respostas e decisões. Ouço, igualmente, pessoas reclamarem de seu trabalho por ser "árduo" e "tomar tanto tempo". Duvido que a exigência seja a raiz da insatisfação.

No basquete, no futebol e em outros esportes, outro fator desempenha papel importante: o placar. Não importa se é amarelinha, buraco, campeonato de pipa ou Copa do Mundo, a gente marca os pontos e se importa com o resultado. Podemos perder ou ganhar, mas nos dois casos o mais importante é a chance de avaliar nosso desempenho.

Obviamente, o sucesso aumenta nosso prazer nos jogos ou no trabalho. Entretanto, contrariando a retórica dos treinadores e líderes motivacionais, isso não quer dizer que precisamos "vencer" o tempo todo.

Há alguns anos, o jogador de basquete Michael Jordan fez um comercial na TV, dizendo ter participado de 4 900 jogos, desde o ensino fundamental até sua carreira na NBA. Por 39 vezes esteve em posição de vencer o jogo com o último arremesso – e *errou*.

Será que o basquete foi prazeroso para ele, mesmo errando aqueles arremessos e seu time perdendo as partidas? Não tenho dúvidas de que é mais legal vencer o jogo. Acredito, porém, que a maior fonte de prazer para Jordan e outros atletas – assim como para as pessoas em seus locais de trabalho – é a oportunidade para usar as habilidades em momentos realmente importantes. Do ponto de vista de cada indivíduo que trabalha, a chave para um excelente ambiente profissional é sentir-se necessário e importante.

As derrotas e os enganos também fazem parte do prazer dos jogos e do trabalho. É inevitável. E é, também, parte essencial do aprendizado e eventual sucesso. A derrota nos ensina humildade, e por ser uma experiência freqüentemente dolorosa aprendemos, com ela, lições inesquecíveis. Na verdade, na construção de um excelente ambiente profissional, errar é quase tão importante quanto ter sucesso.

Por que é tão gostoso e gratificante participar de um jogo ou trabalhar em uma organização onde nos é dada uma certa parcela de controle e responsabilidade? A resposta está na natureza do ser humano. Somos criados únicos, com habilidade para raciocinar e desenvolver talentos. Somos capazes de aplicar esses dons à tomada de decisões. Sentimos que é natural e correto que a responsabilidade por nossos atos seja cobrada. Quando todas essas habilidades são utilizadas ao mesmo tempo, sentimos algo que se aproxima do puro prazer.

Eis aqui algumas práticas seguidas na AES para criar um lugar gostoso de trabalhar:

Minha assistente administrativa decide quais computadores e programas deve comprar, para ela *e* para mim. Ela faz todos os planos de viagem, incluindo aí a empresa aérea, o hotel e a locação de automóveis. Determina seu horário de trabalho e sua agenda de atividades. E decide se quer liderar ou participar das preparações para a próxima avaliação trimestral dos negócios. Ela não precisa da minha aprovação antes de tomar tais decisões; eu sou apenas um dos muitos a quem pode pedir conselhos para decidir. Nas compras de móveis e máquinas, ela rotineiramente checa com o departamento de contabilidade para verificar como sua escolha afetaria o orçamento, mas não precisa de aprovação em instância superior. Para adquirir equipamentos para o escritório, simplesmente consulta os colegas para ter certeza de que são compatíveis com o sistema que utilizam. É minha secretária quem decide com quem me reúno e com quem falo ao telefone. Mesmo sendo tendência entre os executivos delegar mais decisões a seus assistentes, vale a pena registrar que ela não estava autorizada a tomar nenhuma resolução em seu emprego anterior como assistente do sócio-gerente sênior de uma firma de advocacia.

Uma equipe de assistentes administrativos voluntários da corporação, incluindo minha assistente, foi responsável pelo planejamento e execução dos fins de semana de orientação da companhia, duas vezes por ano. O evento geralmente reunia de duzentas a trezentas pessoas da AES, de mais de vinte países. Os membros da equipe escolhiam o local e a programação do encontro; decidiam a respeito do cardápio, hotéis e transporte; convidavam os palestrantes e determinavam até mesmo quem ia participar, quando havia excesso de inscrições. Ou seja, a responsabilidade era total e final. Quase todas as funções do escritório central eram organizadas da mesma maneira. Quando tínhamos reuniões administrativas no Paquistão ou na América do Sul, as pessoas daqueles locais assumiam a responsabilidade por todas as decisões relativas à conferência.

Em uma unidade, se um técnico percebesse que o transformador de calor precisava de reparos, estaria autorizado a programar uma interrupção das operações e encomendar as peças de reposição necessárias. Como rotina, consultaria os colegas, o líder da equipe e o gerente da unidade quanto à disponibilidade de tempo e à significância da verba envolvida, mas a decisão final seria dele.

Recrutamento e seleção eram, em geral, realizados por equipes, fosse sob a direção do seu líder habitual ou de um membro designado – e sempre após uma significativa quantidade de consultas aos representantes de outras equipes e, possivelmente, ao gerente da unidade.

Em Oklahoma, um motorista da equipe de controle de combustível percebeu que uma máquina utilizada para controlar a quantidade de carvão ia pifar. De qualquer maneira, era um modelo obsoleto. Ele se ofereceu como voluntário para liderar uma força-tarefa e escolher a máquina substituta. Propôs negociar a compra e financiar o custo de 350 mil dólares através do banco local. Tudo foi feito com consultas aos colegas e líderes da unidade e a diversas pessoas do setor financeiro do escritório central, mas sem requerer aprovação.

Em época de orçamento, cada equipe de uma unidade comercial calculava suas necessidades. Então, os times se reuniam para delinear o orçamento da unidade, que podia chegar a até 300 milhões de dólares. Quando concordavam que o orçamento seria aprovado, as equipes o enviavam ao escritório central, que reunia todas as propostas e as distribuía para as outras unidades da companhia. Milhares de funcionários das unidades locais e do escritório central se reuniam uma vez por ano para rever os orçamentos propostos e sugerir possíveis mudanças e melhorias. O conselho oferecido a cada unidade em relação ao seu orçamento era apenas isso – um conselho. Os representantes locais levavam as sugestões para seus colegas analisarem. Cabia a eles tomar a decisão final em relação ao orçamento. Algumas vezes os conselhos eram aceitos, outras não. Orçamentos econômicos e operacionais eram tratados ao mesmo tempo e da mesma maneira.

Em um número excessivo de organizações, as doações para caridade são controladas por executivos seniores, conselheiros ou por uma fundação da corporação, composta de ex-dirigentes da companhia, dirigentes em exercício e líderes da comunidade. Com freqüência, as decisões refletem mais os objetivos da corporação ou interesses especiais dos envolvidos do que as reais necessidades da comunidade. Acredito que uma abordagem melhor seria a empresa acompanhar as contribuições assistenciais de seus funcionários, feitas para escolas, entidades tradicionais ou grupos confessionais e igrejas. Dessa forma, as decisões quanto às doações estariam nas mãos de cada um dos membros da companhia.

Os desenvolvimentos de negócios e as decisões financeiras eram quase sempre controlados em nível local. O desenvolvimento da unidade geradora de Lal Pir, no Paquistão, é um bom exemplo.

Shahzad Qasim, que se tornou um dos fomentadores de instalações para energia elétrica mais bem-sucedidos do mundo, juntou-se a nós como analista financeiro de uma empresa de consultoria. Ele nasceu no Paquistão e foi educado nos Estados Unidos. Após alguns meses na AES, voltou ao seu país para visitar a família e percebeu o interesse na instalação de uma unidade geradora de eletricidade. "Eu estava pensando se poderia deixar aquilo em que estou trabalhando para fazer uma investigação mais extensiva em relação à oportunidade no Paquistão", comentou com seu supervisor. "A decisão é sua, e não minha", foi a resposta. "Por que é que você não consulta seus colegas e alguns outros vice-presidentes? Veja o que o Dennis acha, também".

Eu disse a ele que me sentia cético. Anos antes, representantes da Agência para Desenvolvimento Internacional do Departamento de Estado dos Estados Unidos haviam nos encorajado a investir no Paquistão. Nossa resposta foi que mal sabíamos o que estávamos fazendo nos Estados Unidos, quanto mais naquele país, considerado um dos mais corruptos do mundo para fazer negócios.

A decisão ficou com Shahzad. Seis meses depois, ele me pediu que visitássemos juntos o Paquistão, para ajudar a impulsionar o projeto que ele e sua equipe planejavam. A cada etapa importante, nos dois anos e meio de desenvolvimento do processo, Shahzad pediu conselhos e tomou, ele mesmo, as decisões-chave. Antes de obter o financiamento de 700 milhões de dólares (que incluíam várias centenas de milhões de dólares de participação da AES), consultou o conselho da companhia, que reagiu favoravelmente. Mas as decisões do projeto continuavam com ele ou com um membro de sua crescente equipe.

O prazer do trabalho começa com a chance de o empregado ter iniciativa e controle sobre os processos da sua alçada. Os indivíduos, e não a burocracia, tomam as decisões e respondem por elas. O processo acontece de baixo para cima. Mas não se trata de uma situação de vale-tudo. Envolve criatividade, análise cuidadosa, planejamento meticuloso e execução disciplinada. Grande parte das atividades é realizada longe do escritório central, e sem nada além de conselhos por parte dos grupos diretores e dos dirigentes seniores da matriz.

O objetivo é sempre o mesmo: estabelecer um ambiente profissional onde o máximo de indivíduos tenha oportunidade para tomar decisões importantes, realizar ações valiosas para o sucesso da organização e assumir responsabilidade pelos resultados.

Aconselhar. Essa é a resposta para o velho dilema de como aliar direitos e necessidades ao sucesso da equipe, da comunidade ou da companhia.

4

A "COLMÉIA" E O TRABALHO "COM GOSTO"

O tipo de ambiente de trabalho que construímos na AES não era desestruturado, muito menos "descontrolado", como sugerem alguns artigos de jornais e revistas. A abordagem não era improvisada, indisciplinada ou sem coordenação. Porém, era radicalmente diferente. Dentro da companhia a informação fluía em todas as direções. Tudo era transparente. Ao mesmo tempo, ela era auto-reguladora: aqueles que recebiam a responsabilidade pela tomada de decisões não desejavam falhar. A quantidade de enganos que cometíamos era menor do que a verificada em empresas que adotavam rumos mais convencionais.

Era 1986. Representantes de cada um dos departamentos da usina elétrica da AES em Houston estavam reunidos para discutir elementos do novo manual funcional da unidade. Fui convidado a observar os debates. O tema era a redação da seção "política de licenças" no caso de falecimento dos pais de funcionários.

O grupo já havia decidido que três dias era o tempo adequado. Agora, buscava-se a linguagem correta para o texto. Alguém levantou a questão: "E se eu tivesse sido criado por meus avós ou tios? Isso conta?". A maioria concordou que sim e um parágrafo foi acrescentado. "E se meus pais vivessem longe, até mesmo na Europa?" Após mais discussões, foram acrescentados dias extras para atender àquela possibilidade. Em menos de uma hora, o manual cresceu várias páginas.

Embora a idéia parecesse válida, detalhadas regras escritas como as daquela tarde pareciam cada vez mais fora de lugar em um ambiente profissional prazeroso. Onde estava a confiança? Por que pessoas coerentes não poderiam lidar com cada situação que surgisse? Que pressupostos estavam por trás de todas aquelas normas?

Mesmo antes daquela reunião em Houston, eu estava cada vez mais cético em relação a manuais e outros programas administrados pelos departamentos de recursos humanos. Roger Sant havia desencadeado a minha descrença quando rejeitara as regras de licença-saúde em nosso escritório central. "Quando estiver doente, fique em casa. Você não precisa de um manual para dizer quando ou por quanto tempo pode ficar doente ou o que deve fazer a respeito."

Naquele dia em Houston, quando todos os gerentes já haviam deixado a usina, passeei pelas instalações e visitei o pessoal do turno da noite. Ainda estava com a reunião da tarde na cabeça. Comecei a fazer perguntas a respeito do manual. E se nós o eliminássemos completamente? E se acabássemos com os manuais de procedimentos? Eles estão sempre desatualizados e, de qualquer maneira, ninguém os segue. E se eliminássemos as detalhadas descrições de função?

Fui além: e se não tivéssemos um organograma com quadradinhos representando as pessoas e suas funções? E se não tivéssemos supervisores de turno? E se não existissem limites escritos, determinando quais indivíduos poderiam autorizar despesas da companhia? E se todos os títulos de especialidade dados aos funcionários fossem eliminados? E se criássemos equipes em cada área da usina para operar e manter as instalações, em vez de deixar que os chefes distribuíssem tarefas e administrassem a unidade?

Avancei ainda mais: e se cada equipe determinasse seu próprio horário de trabalho? E se os próprios membros da equipe contratassem e demitissem seus colegas? E se você pudesse tomar decisões importantes, em vez de deixá-las para seu supervisor ou para o gerente?

Eu não dei respostas, só fiz as perguntas. Um pouco depois da 1 da madrugada, voltei para o hotel. Na manhã seguinte, quando cheguei ao prédio da administração notei cinco ou seis líderes e supervisores de seção rodeando o escritório do gerente da unidade. A porta se abriu e ele me fez entrar com certa urgência. "O que é que você fez com a minha usina?", perguntou Bill Arnold, que depois assumiria o cargo em Shady Point, Oklahoma.

"Nada demais. Só andei fazendo algumas perguntas hipotéticas", respondi. Na hora, agitado, ele me explicou: "Todos os meus supervisores querem se demitir".

Eu lamentei ter perturbado todo mundo. Mas deixei claro: não me arrependia da conversa. Queria falar a respeito da forma como as unidades eram administradas. A idéia era mudar para se adequarem aos nossos valores e aos nossos pressupostos a respeito das pessoas.

Bill me pediu que acalmasse a equipe administrativa. Na reunião, esbocei algumas propostas a respeito de como estruturar as unidades da AES. Chamei aquele conjunto de idéias de "Colméia".

O impulso básico era criar um ambiente baseado nos mesmos princípios de confiança, liberdade e ação individual para o bem de todo o grupo. Era isso que tinha guiado nosso escritório central em Arlington, Virgínia, desde os primeiros dias da companhia. Em Houston, os supervisores não começaram a relaxar enquanto não mencionei que poderia levar até dois anos para que a unidade planejasse e implementasse algo que respondesse às minhas questões. Era o início de uma mudança excepcionalmente criativa e revolucionária naquela unidade industrial.

Em dois meses fui convidado a voltar a Houston. Usando o tema da Colméia, eles se dividiram em equipes de trabalho, com nomes de diferentes tipos de abelha: vespa, jataí, rajada etc. Tinham eliminado dois escalões de supervisão, o dos superintendentes de operações e o dos supervisores de turno. Exceto pelo departamento de manutenção (que viria a se desfazer mais tarde), as sete novas famílias, como chamavam a si mesmos, estavam organizadas em torno de funções específicas. Havia a Família da Caldeira, a Família da Limpeza Ambiental, a Família da Turbina e muitas outras.

Cada líder de equipe se reportava ao gerente da fábrica, e cada equipe deveria ser, em grande parte, autodirigida. Elas eram responsáveis por seu orçamento, carga de trabalho, segurança, prazos, manutenção, remuneração, despesas, compras, controle de qualidade, contratações e outros aspectos da vida profissional. "Cada pessoa, um empresário", foi como descrevi essa meta, anos mais tarde.

Em 1997, tentei definir para a companhia o que significava ser um "empresário" AES. Ele deve zelar pelos recursos da empresa (dinheiro, equipamento, combustível), para atender a uma necessidade da sociedade, ao mesmo tempo que equilibra as contribuições e necessidades dos grupos de apoio. Isto implica garantir lucro para os acionistas, um ambiente profissional prazeroso e remuneração justa para os funcionários, além de impostos e meio ambiente preservado para o governo e eletricidade confiável a preço razoável para os clientes.

A pessoa pode ser um engenheiro, um operador de equipamento pesado, um mago das finanças ou um técnico instrumentista, mas como empresário deve desempenhar tais funções dentro de um contexto: equilibrar os interesses de todos. Em outras palavras, um empresário reconhece que toda ação empreendida pela companhia afeta os interesses de cada um. Escrevi: "Por isso acredito que, antes de tomar uma decisão, todo empresário precisa pedir o máximo de aconselhamento possível, de forma a garantir o melhor equilíbrio entre os possíveis interesses dos grupos afetados, sem comprometer o propósito principal da companhia – atender a uma necessidade da sociedade".

A Colméia não foi o começo, nem o final, de nossos esforços para a construção de uma organização consistente com os valores da AES. Mas significou um importante passo para a frente.

Várias companhias novas e outras organizações pequenas operam dentro de princípios semelhantes. Modernas empresas de tecnologia avançada também usam algumas dessas abordagens. Muitas delas, no entanto, tratam o pessoal administrativo e os associados assim como os encarregados tratavam os empregados na época da Revolução Industrial. Organizações sem fins lucrativos, instituições educacionais e igrejas parecem ter caído nas mesmas armadilhas. Nem os escritórios de advocacia estão isentos da mentalidade de suar a camisa na linha de produção.

Executivos de grandes corporações e mestres em escolas de administração têm boas idéias o tempo todo, mas raramente fazem algo com elas. O que tornou a AES única foi termos agido de acordo com nossas idéias. Nossa organização se deu em torno de equipes multi-habilitadas e autogerenciadas. Esse tem sido o estilo operacional de alguns negócios por décadas, e sua popularidade cresceu marcadamente nos últimos quinze anos. Os seres humanos têm vivido em comunidade por milênios, e é perfeitamente natural que façam o mesmo no campo do empreendimento.

Tentamos criar na AES uma série de pequenos grupos interativos para operarem diversos setores da atividade empresarial. As pessoas de cada time eram responsáveis por tudo em sua "área" de trabalho. As atividades poderiam incluir operações do dia-a-dia, investimentos, manutenção, planejamento, estratégias de longo prazo, horários de trabalho, contratação e demissão, educação, segurança, administração ambiental, gerenciamento de riscos, orçamento e desempenho econômico, controle de qualidade, doações filantrópicas ou relações com a comunidade.

Nosso sistema de equipes demonstrou que funções complexas podem ser aprendidas e compreendidas por técnicos de nível médio dentro das unidades operadoras. Essa foi uma abordagem radicalmente diferente da empregada na maioria das grandes organizações, onde os funcionários em geral são agrupados de acordo com sua especialidade: finanças e orçamento, planejamento de longo prazo, assuntos de segurança, recursos humanos, e assim por diante. Tais grupos especializados com freqüência não compreendem ou não valorizam os grupos operacionais e seus problemas. Da mesma forma, grupos operacionais tradicionais pouco entendem de finanças ou planejamento estratégico. É típico que o pessoal de operações fique intimidado pelas habilidades dos peritos e sinta inveja de seus salários e *status* na companhia.

Abelhas em ação

Dividir o empreendimento em departamentos especializados e operacionais, como faz a maioria das grandes organizações, rouba o brilho da responsabilidade e das tomadas de decisão. Isso torna o trabalho chato. A estrutura tradicional pode também tornar mais difícil a sustentação do sucesso econômico por longos períodos. Casos de desperdícios causados por compras centralizadas ou por departamentos de "suprimento" são, no mínimo, tão numerosos quanto as histórias de contenção de custos.

Um pouco antes de a AES adquirir uma usina na Irlanda do Norte, aconteceu um fato interessante. Em uma das instalações, a vibração de uma turbina estava acima do nível considerado normal, o que foi notado por um operador de turno. Em vez de desligar a máquina imediatamente, ele começou a procurar pelo supervisor, o único que tinha autoridade para decidir se ela poderia ou não ser desativada. Uma falha catastrófica aconteceu, ocasionando um prejuízo de muitas centenas de milhares de dólares. Felizmente, ninguém se feriu.

Já ouvi dezenas de histórias parecidas e a pessoa que conta o incidente sempre enfatiza as conseqüências financeiras negativas. Algumas vezes, a segurança ou um dano ambiental que poderia ter sido evitado são incluídos para ilustrar os problemas gerados por tais "regras". Infelizmente, esses casos são relatados sem que se mencione o efeito negativo sobre a satisfação profissional das pessoas que trabalham, seu crescimento pessoal e sua auto-estima.

Nunca vi nenhuma evidência concreta de que os limites de autoridade produzem decisões. Antes de a AES ter implantado a Colméia, cada pessoa e cada unidade de trabalho tinham limites para gastar vinculados à sua autoridade. O gerente de uma usina, por exemplo, poderia autorizar despesas de até 100 mil dólares. Já o superintendente de operações tinha direito a despesas de até 50 mil dólares, o gerente financeiro a 25 mil dólares e líderes de unidades, a 10 mil dólares. Os outros tinham direito a mil dólares. Eliminamos essas restrições e, em seu lugar, determinamos: é necessário apenas obter aconselhamento e outros pontos de vista com os colegas e pessoas mais experientes e graduadas antes de decidir sobre despesas.

Além da criação de equipes multidisciplinares com responsabilidades ampliadas, mudamos a forma como cada "funcionário" deveria ser identificado. Cada um passou a ser chamado de uma "pessoa AES" ou "pessoas da AES". Nosso pessoal decidiu ainda que todos os que não fossem dirigentes deveriam ter títulos equivalentes: "técnico AES", "engenheiro AES" ou algo semelhante, que indicasse responsabilidade geral por uma área significativa da unidade. Grande parte das designações industriais tradicionais, como soldador ou montador, foi descartada.

Nos primeiros dias da Colméia, pensamos em quantas pessoas poderiam trabalhar juntas em uma equipe ideal. Algumas pesquisas indicavam que um número entre 10 e 15 seria adequado para cada líder. Minha experiência sugere que as equipes podem ter até quarenta membros e continuar eficientes, ainda que com um único líder oficial. Quanto mais gente responder a um supervisor, menos níveis hierárquicos serão necessários.

Estabeleci apenas dois níveis de supervisão entre mim e uma pessoa de nível inicial, em qualquer parte da empresa. Esse número subiu para três, e em alguns poucos casos para quatro, em razão do crescimento para mais 30 mil pessoas. Mas manter o mínimo é importante para a criação de um ambiente profissional gostoso. Cada camada adicional tende a bloquear a comunicação e outras interações nas organizações, distancia gente de níveis diferentes, fisicamente e quase sempre em *status*. Cada líder adicional aumenta as possibilidades de que as pessoas se sintam esmagadas por um chefe.

Por outro lado, se a equipe for muito grande, diminuem a atenção e o direcionamento individual a cada "abelha", assim como poderá ficar reduzida a oportunidade para cooperação e amizade. O número "certo" provavelmente será diferente em cada situação. Eu prefiro times maiores, que conduzem a uma estrutura organizacional mais horizontal.

Outra questão é o número de equipes que podem funcionar sem problemas em um mesmo espaço físico. Há poucas pesquisas confiáveis sobre o assunto. Minha intuição diz que, quando uma organização tem mais do que trezentas a seiscentas pessoas no mesmo local, problemas ligados a isso começam a aparecer. Ou seja, uma organização eficiente não deve ter mais do que quinze ou vinte equipes com quinze a vinte pessoas em cada uma. É impossível gerenciar mais do que isso de uma forma positiva, dando nomes aos rostos e participando de conversas amenas com todos os colegas.

Felizmente, os enormes grupos de trabalho que produziam economia de escala nas primeiras metalúrgicas e fábricas de automóveis foram substituídos por instalações automatizadas que precisam de um número menor de pessoas. Quando adquirimos a usina de força de Ekibastuz, no Cazaquistão, mais de 5 mil pessoas atuavam em suas instalações. Hoje, menos de quinhentas produzem o dobro da quantidade de eletricidade. As equipes trabalham juntas de forma muito mais eficaz, e a usina tem uma dimensão mais humana.

O tipo de equipe que estou sugerindo se assemelha mais a uma banana-split do que a um *milk-shake*, em que o sorvete, a cobertura, o leite e outros ingredientes são misturados formando uma coisa só. Na banana-split, cada sabor de sorvete, as bananas e a cobertura permanecem separados até a hora de comer. Em uma "equipe banana-split" os indivíduos desempenham papéis especiais e mantêm sua identidade. A soma das partes é maior do que o total.

Escolhas na Colméia

Formar boas equipes depende de contratar o tipo certo de pessoas. Dave McMillen, um dos nossos dirigentes mais realizadores, idealizou um rigoroso processo para identificar os candidatos com maiores chances de obter sucesso na estrutura da Colméia. Ele começou elaborando uma série de questões que explicavam as expectativas quanto aos jovens na companhia e determinavam se o indivíduo seria uma boa escolha. As habilidades e os talentos eram importantes, mas ocupavam um lugar secundário em relação à reação da pessoa aos valores da empresa, aí incluída nossa definição particular de gosto pelo trabalho.

O objetivo era descobrir pessoas de iniciativa, que assumissem responsabilidade por suas ações e que compreendessem que justiça não significa tratar todos da mesma maneira. A procura era por gente que tivesse coragem para tomar decisões e que compreendesse o significado de servir os colegas, outros colaboradores e a companhia como um todo. Um candidato poderia ser entrevistado por seis a dez pessoas da unidade – nenhum deles funcionário oficial de "recursos humanos" – antes que lhe fosse oferecido um contrato. Alguns enganos foram cometidos, é claro, mas a abordagem era bastante eficiente para encontrar pessoas que construíssem e operassem nossa empresa.

O principal fator para determinar se as pessoas sentem prazer ou tédio no ambiente profissional é o grau de controle que têm sobre seu trabalho. "Controle", aqui, significa tomar decisões e assumir a responsabilidade por elas. Erguer uma estrutura que permita aos indivíduos trabalharem seu potencial ao máximo não é fácil. Mais difícil ainda é criar uma comunidade que trabalhe em orquestra e produza algo útil para a sociedade, de uma forma coerente financeiramente.

Mesmo antes de introduzirmos o conceito de equipes na vida da AES, usávamos um estilo de gerenciamento "participativo". Isto é, os líderes buscavam o aconselhamento de colegas antes de tomar suas decisões. "Sugestões" eram muito bem-vindas e recompensadas, mas ainda era o chefe quem tomava as decisões finais. Quando, pela primeira vez, formamos equipes em nossas usinas, a tomada de decisões passou do líder para o grupo. Os membros das equipes votavam ou discutiam o assunto até chegar a um consenso.

Um efeito disso foi a diminuição de reclamações quanto às decisões tomadas. A "democracia" provocava um sentimento muito melhor do que a imposição de decisões tomadas pelo escritório central, pelo gerente da usina, por um membro do escritório da administração ou pelo líder da equipe.

Era uma boa abordagem, mas existia uma alternativa ainda melhor: oferecer oportunidade para, de tempos em tempos, a pessoa tomar *individualmente* uma decisão ou empreender uma ação importante. É como se o funcionário fosse um jogador de um time esportivo.

Gradualmente, mais decisões importantes foram sendo tomadas dessa maneira, tanto nas unidades quanto no escritório central. "Quem é que decide?", era uma pergunta comum. Além de incrementar o prazer no trabalho, há a vantagem da agilidade quando uma decisão rápida se faz necessária. Tornou-se também mais fácil responsabilizar os indivíduos sem sacrificar a respeitabilidade do grupo. Uma vez tomada a decisão individual, a equipe, a unidade e, em última instância, a companhia assumiam a responsabilidade.

Essa abordagem, ao mesmo tempo que possibilitou *curtir* melhor o trabalho, levantou três questões espinhosas.

Primeiro, exigia que os líderes abdicassem de seu tradicional direito à tomada de decisões. O poder de decisão era dado ao maior número possível de pessoas, levando ao questionamento dos líderes mais experientes: "Mas não é isso que nos pagam para fazer?".

Segundo, éramos uma companhia, não uma turma de indivíduos independentes. Uma companhia não comporta cavaleiros solitários que agem separadamente de seus líderes e colegas. Por que um indivíduo deveria tomar decisões importantes pela organização inteira?

Terceiro, como uma pessoa, ou uma equipe de uma usina, seria capaz de saber o suficiente para tomar uma decisão que poderia, essencialmente, afetar toda a companhia?

Para tratar essas questões, introduzi o "processo de aconselhamento". É um conceito muito simples, apesar de freqüentemente controverso, que vira de cabeça para baixo a abordagem da "caixa de sugestões" dos anos 1970 e 1980. Em vez de o chefe obter conselhos e sugestões das pessoas abaixo dele, quem decide - quase nunca um líder oficial - busca aconselhamento com seus líderes e companheiros.

Geralmente, quem decide pertence à área mais afetada ou é aquele que trouxe a idéia, descobriu o problema ou visualizou uma oportunidade. Se não estiver claro quem deve decidir, o líder selecionará um indivíduo para obter aconselhamento e tomar a decisão final. Antes de tomar qualquer decisão a respeito de assuntos da companhia, a pessoa *deve* procurar aconselhamento.

Quanto maior o assunto ou problema, mais ampla deve ser a rede, envolvendo gente de dentro e de fora da companhia. Na minha opinião, todos os assuntos importantes precisam do aconselhamento da equipe daquele que toma a decisão. Entretanto, membros de outras equipes da usina ou dos escritórios também devem ser consultados. Algumas decisões são tão cruciais que se busca aconselhamento em outras usinas, divisões e escritórios, inclusive o central. O Conselho Diretivo deve ser consultado em relação a assuntos de grande importância.

O processo de aconselhamento é minha resposta para um velho dilema organizacional: como respeitar os direitos e as necessidades do indivíduo garantindo simultaneamente o bom funcionamento da equipe, comunidade ou companhia? Tenho observado que empresas japonesas tendem a enfatizar o grupo e o consenso, enquanto a cultura norte-americana estimula o individualismo áspero. Acredito que o processo de aconselhamento alcança um equilíbrio, pois deixa a decisão final para o indivíduo, mas o força a pesar as necessidades e desejos da comunidade. A internet parece feita sob encomenda para esse processo. O tipo amplo de consultas que defendo não seria possível em organizações grandes e dispersas se não fosse o *e-mail*.

Resultados à vista

Cinco coisas importantes acontecem quando um indivíduo utiliza o processo de aconselhamento antes de tomar uma decisão ou empreender uma ação.

Primeiro, as pessoas às quais se solicita o conselho são atraídas para o assunto em questão. Elas aprendem a respeito e passam a ser críticos confiáveis ou torcedores entusiasmados. Partilhar informações reforça o sentimento de comunidade e a pessoa consultada se sente honrada e necessária.

Segundo, pedir conselho é um ato de humildade, uma das mais importantes características de um ambiente profissional gostoso. O ato já diz: "Eu preciso de você". Aquele que pede o conselho e aquele que aconselha são envolvidos em um relacionamento mais próximo.

Terceiro, a tomada de decisões é educação prática. O aconselhamento vem de pessoas que compreendem a situação e se preocupam com os resultados. Nenhuma outra forma de educação ou treinamento pode se igualar a essa experiência real.

Quarto, as possibilidades para melhores decisões são maiores. Quem decide tem a vantagem de estar mais próximo do assunto e provavelmente estará mais familiarizado com os prós e contras do que pessoas em escalões mais altos. Mais ainda, aquele que toma a decisão precisará viver com as conseqüências dela.

Quinto, o processo é de puro prazer para quem decide, igual ao sentimento que se tem na prática de esportes de equipe. O processo de aconselhamento estimula a iniciativa e a criatividade, desencadeadas pela sabedoria de outras partes da organização que detêm conhecimento.

Muitas organizações modernas dedicam extraordinária ênfase ao treinamento. Embora os motivos sejam possivelmente louváveis, os métodos não o são. Adultos precisam de educação que envolva sua atenção de forma interativa. O doutor William Glasser é psiquiatra e psicólogo especializado em educação, aconselhamento e negócios. Suas pesquisas a respeito do aprendizado reforçam aquilo que aprendi nos primeiros dias da Colméia. Glasser constatou que nossa taxa de assimilação varia amplamente, dependendo da forma como a informação é transmitida. Segundo suas estimativas, nós lembramos de:

10% daquilo que **lemos**,
20% daquilo que **ouvimos**,
30% daquilo que **vemos**,
50% daquilo que **vemos e ouvimos**,
70% daquilo que **discutimos** com os outros,
80% daquilo que **experimentamos** pessoalmente e
95% daquilo que **ensinamos** a outra pessoa.

A educação está em realizar tarefas em um ambiente que encoraje o *feedback* e a crítica construtiva. Em outras palavras, aprendemos melhor quando discutimos nosso trabalho com os outros, tomamos decisões a respeito do assunto e descobrimos juntos se fizemos o certo ou o errado. Como a pesquisa de Glasser demonstra, as pessoas que são consultadas ao longo do processo acabam por aprender ainda mais.

As implicações parecem óbvias. Trabalhar e tomar decisões a respeito de uma turbina é a melhor forma de aprender a respeito da turbina. Fazer a manutenção e tomar decisões a respeito de um equipamento de tratamento de água é a melhor forma de aprender a respeito de manutenção de equipamentos. Ser supervisor ou gerente de uma unidade de produção e tomar decisões a respeito dessa área é a melhor forma de aprender como ser um líder eficiente. Projetos em grupo e revisões de desempenho também são importantes momentos de aprendizado, mais do que palestras em sala de aula ou programas formais de treinamento.

A educação real requer uma abordagem muito diferente. Anos atrás, eu estava na Argentina com algumas pessoas da AES. Em uma conversa, perguntei:

– Quando e como vocês aprenderam a ser pais? Conversando com sua mãe sobre o assunto? Lendo a respeito em livros?

– Não, não, foi quando o bebê chegou! – exclamaram, embalando um bebê imaginário nos braços.

Uma ferramenta de educação tornada famosa pela Harvard Business School é o "método do estudo de caso", em que o estudante tem de tomar decisões. Algo mágico acontece. Repentinamente, conceitos abstratos se tornam pertinentes e reais – e muito mais fáceis de compreender. Só que, por mais eficaz que seja, o método do estudo de caso não consegue igualar uma tomada de decisão que tem conseqüências reais. É a diferença entre tiros de festim e tiros com munição real. Quando tomamos decisões que resultam em conseqüências, nosso aprendizado sobe para um nível totalmente novo.

Para tirar o máximo de um processo de aconselhamento, as pessoas devem compartilhar *todas* as informações dentro da organização. Para explicar essa abordagem "sem segredos", mostrei que toda informação disponível para mim, como presidente, estava disponível para qualquer pessoa da companhia.

Uma vez, a AES informou à Comissão de Seguridade e Câmbio que pretendíamos disponibilizar para nossos funcionários todos os dados financeiros da corporação, inclusive relatórios de receita trimestral, antes de torná-los públicos. Aí, a comissão impôs uma condição inédita: se isso acontecesse, todos os funcionários, mesmo os de unidades distantes, seriam classificados como "cargo de confiança". Ou seja, a AES tinha milhares de cargos de confiança sujeitos a "períodos fechados", quando não podiam comercializar ações da companhia.

Logo depois da abertura de capital, perguntamos aos nossos funcionários se desejavam limitar seu acesso às informações para poder comercializar ações da AES a qualquer tempo. Por uma margem surpreendente, escolheram ter acesso total às informações financeiras e continuar sendo "de confiança". Parte do gosto pelo trabalho vem do fato de ser "importante" o suficiente para ter as mesmas informações que os dirigentes.

Quando o Banco Mundial fez um estudo de caso a respeito da AES como parte de uma avaliação interna, fui convidado para me encontrar com um grande grupo de funcionários do banco. "Quantas pessoas o senhor acha que o banco deveria empregar, especialmente aqui em Washington?", perguntou um arrojado funcionário. Eu respondi:

"Não sei ao certo, mas permita que eu compartilhe nossa experiência na AES e compare com a de vocês". E acrescentei: "O Banco Mundial tem cerca de 10 mil empregados. Nossa experiência é que uma típica organização reestruturada consegue realizar o dobro com metade do número de pessoas. Se a regra se aplica, o banco não precisaria de mais do que 5 mil pessoas".

Na AES, temos cerca de 40 mil empregados em todo o mundo. Apenas ao redor de cem trabalham no escritório central de Arlington. No banco, 8 mil dos 10 mil empregados trabalham no escritório de Washington. Para um empreendimento mundial que presta serviços a dezenas de países, os números parecem estar de cabeça para baixo.

Para fazer com que uma grande organização seja bem-sucedida e agradável, é crucial limitar o número de pessoas no escritório central e nos escritórios dos altos executivos. Muitos desses executivos parecem acreditar que são criaturas divinas. Mas toda decisão tomada na sede da empresa tira a responsabilidade de alguém, em algum ponto da organização. E menos pessoas sentem que estão fazendo uma contribuição efetiva. Lembrem-se: o prazer nasce da liberdade.

Assim como é problemático ter um excesso de gerentes gerais no centro da organização, a proliferação de escritórios administrativos é um inimigo ainda maior. Segundo minha experiência, não importa se são departamentos de recursos humanos, jurídicos, relações públicas, engenharia, assuntos financeiros ou qualquer outro dos quinze ou vinte departamentos semelhantes que pipocam na maior parte das grandes organizações. Eles geralmente tornam mais difícil a vida das partes produtivas da organização. Muito do que fazem poderia ser melhor se os peritos trabalhassem como parte integrante de um grupo que tenta realizar uma missão mais abrangente. Como parte de uma equipe banana-split, eles seriam mais eficientes.

O departamento de recursos humanos é um dos que menos gosto. Na AES, as funções administrativas foram transferidas para as equipes dentro das instalações. Recrutamento, educação, avaliação, remuneração, contratação, disciplina, demissão e benefícios eram administrados por quem tinha responsabilidade direta pela qualidade de seu trabalho.

Conquistas e limites

Não tenho dúvida de que grandes organizações seriam lugares melhores para trabalhar se eliminassem a maioria dos grupos organizados em torno de funções especiais. Elas deveriam integrar tais funções aos grupos operacionais. O que não está tão claro é se a eliminação dessas unidades oferece melhores chances de sucesso à organização. É importante contar com especialistas em compras, assuntos financeiros, auditoria, engenharia, planejamento estratégico, relações com investidores e uma série de outras disciplinas. Pessoas com domínio nessas áreas são necessárias, mesmo que seja apenas para disseminar seu conhecimento.

Como, então, *curtir* o trabalho e ao mesmo tempo garantir que a companhia tenha perícia suficiente para lidar com qualquer contingência? Existem várias abordagens que recomendo:

1. Algumas vezes os peritos podem ser integrados às equipes generalistas. Quando isso acontece, eles aprendem rapidamente como é o "mundo real" e tornam-se muito mais eficazes no ensinamento e aplicação de sua especialidade.
2. Forças-tarefa abrangendo toda a organização podem desempenhar muitas das funções geralmente atribuídas a grupos da administração central. Eu criei uma regra baseada na Lei de Pareto, que ficou conhecida como 80-20: as pessoas deveriam empregar 80% do tempo em sua atividade principal e dedicar os outros 20% à participação em forças-tarefa, aconselhamento, aprendizado de novas competências e ao trabalho em projetos especiais não relacionados, necessariamente, à sua responsabilidade principal.

   As forças-tarefa ajudam a reconhecer o trabalho como um ato voluntário, algo que se escolhe fazer, em vez de uma obrigação. O objetivo é conseguir fazer com que cada um na companhia se sinta um voluntário, entusiasmado, cheio de energia e eficiente.

   Sempre fui a favor do uso de forças-tarefa semipermanentes, mesmo em áreas cruciais como segurança, meio ambiente e, especialmente, auditoria financeira. Todos os membros da força-tarefa voltam para seus papéis permanentes com um respeito maior pelo trabalho de outras pessoas da companhia. É evidente que os líderes precisam ter conhecimento suficiente para orientar os generalistas de sua equipe, ou saber onde procurar esse conhecimento especial fora da empresa.
3. Se um grupo administrativo central permanente for considerado absolutamente essencial, que seja pequeno, composto de pessoas com coração generoso. Deve ser mínimo o número de decisões cor-

porativas importantes que deve tomar. Mesmo os grupos financeiros da sede devem seguir essa abordagem.

Infelizmente, são poucas as pessoas com um coração generoso associado a uma brilhante habilidade empresarial. Mesmo desejando permitir que outros, na organização, tomem decisões importantes, freqüentemente sucumbimos à tentação de tomá-las nós mesmos, porque nos falta confiança em nossos subordinados.

Vale enfatizar dois pontos: primeiro, que os funcionários de uma unidade operacional geralmente são mais sábios do que os executivos pensam, e sua média de vitórias compara-se favoravelmente à de escritórios administrativos centrais típicos. Segundo, que mesmo no caso de tomarem a decisão errada o simples fato de decidir resulta em enorme satisfação e num fantástico crescimento para ele.

Esse tipo de ambiente profissional apresenta uma desvantagem significativa: não acomoda facilmente pessoas com limitações mentais, físicas ou emocionais que possam afetar sua criatividade e responsabilidade. Um ambiente de trabalho ao estilo AES pede pessoas capazes de raciocinar, tomar decisões e assumir responsabilidade por suas ações. Alguns apresentam dificuldade para trabalhar assim. Isso não significa que não sejam bons seres humanos; muitos têm, de fato, outras virtudes que podem ser mais importantes em um esquema mais amplo de vida. Mas significa, sim, que encontrarão problemas para se adaptar ao sistema da Colméia. Os líderes devem tentar direcioná-los para outros empregos mais alinhados com seu tipo de talento e temperamento.

Nos jogos, marcar pontos é importante para o sucesso e o prazer. No ambiente profissional, é fundamental participar com garra, garantindo respeito e recompensa.

5

AVALIAÇÃO, RESPEITO E RECOMPENSA

A noção de respeitabilidade talvez seja a menos compreendida de todas as noções que compõem minha visão para um ambiente profissional melhor. A liberdade é a chave para o prazer no trabalho, mas receber *feedback* para o desempenho e assumir responsabilidade por suas ações também são atitudes cruciais. Avaliar é acompanhar aquilo que acontece como resultado de decisões e ações. Respeitabilidade é assumir responsabilidade por esses resultados. Marcar pontos é importante para o sucesso e o prazer dos jogos; o mesmo vale para o ambiente profissional.

Tive apenas um encontro pessoal com Peter Block, que me influenciou muito com seus escritos sobre regência de empresas, ou "zeladoria", como prefiro chamar. Naquele dia, tivemos uma discussão a respeito de como julgar melhor o desempenho dos subordinados. Ele me contou que já havia sido partidário das "avaliações de desempenho" em que o chefe se reunia com o subordinado para avaliar o ano anterior.

Um dia, em um momento de reflexão, Block imaginou uma cena inédita em que chamava a esposa ao escritório em sua casa e dizia: "Sente-se, querida. Está na hora de fazermos sua avaliação de desempenho".

O absurdo de tal sessão imaginária mostrou que a relação entre supervisor e subordinado deveria se aproximar mais de uma parceria entre iguais. Ele sugeriu um processo interno que começasse com o subordinado fazendo uma auto-avaliação extensiva. O papel do líder, nessa abordagem, é muito menor que numa avaliação de desempenho típica, conduzida pelo supervisor. O chefe torna-se principalmente um comentarista que questiona e encoraja e, em menor grau, um avaliador.

Decidi tentar uma variação daquela abordagem com minha equipe sênior. Éramos catorze pessoas e nos reuníamos na casa de um dos membros do grupo. Cada um avaliava o próprio desempenho no ano que se passara. Muitos faziam um resumo de seus sucessos, fracassos e problemas, além de estabelecer metas para o ano seguinte. Em quase todos os casos, quatro ou cinco companheiros apresentavam um comentário ou questionavam algo que foi dito. Algumas vezes a auto-avaliação feita era reforçada. Outras vezes, lembrava-se de um problema ou de uma realização não mencionados.

Mantivemos esse tipo de reunião anual até eu deixar a organização. Era minha noite favorita. É claro que não existia a honestidade perfeita. A abordagem era supergeneralista para aqueles que preferiam objetivos quantificáveis e específicos, mas foi enormemente valiosa em outros aspectos. Esses encontros honravam cada indivíduo como um membro importante do time, independentemente de título, cargo ou remuneração, e permitiam demonstrar nosso respeito uns pelos outros.

Eu participava ativamente das discussões, avaliava meu próprio desempenho e contribuía com comentários a respeito de meus colegas. Tomava notas e depois escrevia um relatório, resumindo as análises. O texto era apresentado ao conselho diretor e ao comitê de remuneração, que o consideravam útil para analisar mudanças na organização e estabelecer salários.

A avaliação anual em equipe era muito mais reveladora e eficaz do que os chefes julgarem seus subordinados. Minha abordagem nem sempre foi bem aceita em outros países. Paul Hanrahan, que se tornou o presidente da AES quando eu saí, dirigia nossos negócios na China quando introduzi o processo de avaliações anuais. Um dia, ele mencionou a seus colegas chineses que estava viajando para o escritório central para realizar uma auto-avaliação e perguntou se tinham alguma sugestão. Eles ficaram horrorizados.

"A autocrítica é muito perigosa", disseram, lembrando a experiência vivida por seus pais. "Não se vanglorie por seus grandes sucessos. Eles não acreditarão em você, e sua credibilidade será destruída. Não comente nossos problemas nem assuma responsabilidade pelos enganos, porque a culpa vai ser sua e o demitirão", disseram.

"O que vocês sugerem?", Paul perguntou. A resposta, sincera e muito preocupada, foi: "Tente usar muitas estatísticas. Estatísticas são boas". Se você já ouviu o discurso de algum líder chinês, perceberá quanto esse simples conselho provavelmente é difundido.

A principal razão para a existência da AES era ajudar o mundo a suprir a necessidade de energia elétrica. Para estimar nosso crescimento, começamos por calcular o número de pessoas atendidas por nossas instalações. Até o ano 2000, a AES forneceu eletricidade para mais de 100 milhões de pessoas – nada mau para uma companhia com apenas duas décadas de existência.

Mas prestar um serviço importante e atender a um grande número de clientes não significa que a companhia é um sucesso. Cada vez mais, o êxito é definido por meio de parâmetros puramente econômicos, especialmente o "valor" para o acionista. É como se o maior objetivo de um empreendimento fosse inflar o preço das ações!

A cotação de ações pode ser um parâmetro para o desempenho? Poucos não-investidores acreditam que signifique algo em relação ao verdadeiro desempenho, especialmente a curto prazo. Também vale lembrar que é uma unidade de medida aplicável apenas a corporações de capital aberto, uma pequena fatia do universo das organizações que precisam avaliar seu desempenho. Mas, apesar disso, freqüentemente esse critério é considerado a principal medida do sucesso.

Eu não recomendo mudanças nos preços das ações, seja para cima, seja para baixo. Não é uma medida significativa de desempenho, nem mesmo do econômico. O preço das ações dá excessiva ênfase a um único participante – o acionista – e é influenciado por fatores externos, sem relação efetiva com o desempenho econômico interno. Seu uso leva a decisões fracas por parte daqueles que trabalham na organização. Distorce o propósito real da companhia ao desencorajar uma abordagem mais equilibrada da avaliação de sucesso. Fluxo de caixa, receita e relatórios de balanço são parâmetros econômicos mais confiáveis, ainda que possam obscurecer o desempenho geral da companhia.

Na AES, lutamos contra essa tendência. Para isso, planejamos um placar para o acompanhamento do êxito da empresa. Primeiro, Roger Sant sugeriu que a remuneração dos altos dirigentes fosse baseada em dois critérios: a primeira metade considerava se o executivo investia nos valores e princípios da organização; a outra avaliava o desempenho técnico, que incluía proteção do meio ambiente, respeito aos padrões de segurança, desenvolvimento de novos negócios e alcance de metas ambiciosas quanto a ganhos e crescimento. Eu sugeri que a abordagem 50/50 fosse adotada para todos os líderes e equipes da organização.

O desempenho relativo aos "fatores técnicos" era avaliado de forma direta. Acompanhávamos as taxas de emissão de poluentes de cada unidade e comparávamos essas taxas com os limites especificados em nossas licenças. A mesma comparação era feita com as taxas de usinas similares operadas por companhias norte-americanas, ainda que a unidade estivesse localizada na América do Sul ou na Ásia. Estabelecemos um processo de auditoria interna regular, realizada por forças-tarefa. Da mesma forma, acompanhávamos todos os incidentes de segurança e os acidentes. Os resultados eram comparados com os de companhias norte-americanas do nosso ramo industrial, e também se efetuava um rigoroso processo de auditoria interna para avaliar nossos índices de segurança.

O desempenho financeiro era acompanhado utilizando-se os padrões da Comissão de Câmbio e Seguridade e princípios contábeis de aceitação geral. Mesmo antes da abertura de capital, em 1991, a companhia adotou padrões de relatórios financeiros e contábeis que se igualavam aos de companhias de capital aberto. Além de auditorias independentes, realizadas por uma firma de contabilidade pública importante, a AES organizava forças-tarefa para auditorias internas.

Encontramos maior dificuldade para medir o sucesso do fomento de negócios. Ao mesmo tempo em que comemorávamos as "vitórias" e lamentávamos as "derrotas" na criação de novos negócios, não era fácil contabilizar o resultado de longo prazo dos novos empreendimentos. Algumas vezes, por exemplo, eram necessários quatro ou cinco anos para determinar se um novo projeto era um sucesso econômico. Avaliações adequadas de aspectos não-econômicos dos novos negócios eram igualmente problemáticas.

Aprender a avaliar

O julgamento do desempenho de nossos valores e princípios era mais subjetivo e exigia maior criatividade. Foi difícil encontrar uma base de comparação. Nenhuma outra organização colocava tanto peso quanto nós sobre esses fatores. Poucas tinham métodos para determinar se cada funcionário, individualmente, estava praticando os valores. Por isso, criamos uma ferramenta para avaliar nossos empregados.

Estabelecemos uma avaliação anual de valores para toda a companhia. As questões mudaram um pouco no decorrer dos anos, mas o espírito permaneceu o mesmo. Perguntávamos, por exemplo, o que significavam o gosto pelo trabalho e a responsabilidade social. Os funcionários também tinham de dar pontos a seus supervisores, em relação à vivência dos valores compartilhados.

Nos primeiros anos, dedicamos muita atenção à quantificação das respostas. Gradualmente, aprendemos que a informação mais importante estava nos comentários individuais. Quando começamos a fazer as avaliações, em meados dos anos 1980, prometi alegremente que leria os comentários de todos os funcionários. No primeiro ano levei menos de uma hora para fazê-lo, mas em 1993 precisei de todo um vôo de ida e volta para a Europa. Cinco anos depois, diversos meses foram necessários para analisar as dezenas de milhares de comentários despejados no escritório central.

Depois de ler e resumir os resultados, solicitávamos que cada unidade também o fizesse. O processo era essencial para obter prazer no trabalho. Eis aqui alguns fatos e observações a respeito da avaliação:

- A avaliação da corporação foi idealizada por algumas pessoas do escritório central, com sugestões de toda a companhia. Muitas unidades acrescentaram um questionário local, desenvolvido por funcionários sem experiência em RH.
- Em sua maioria, as respostas eram anônimas, apesar da opção de identificação. Isso provavelmente acontecia em função do medo de problemas ou perda do emprego. Infelizmente, mesmo após a AES ter seguido uma política de "imunidade" por anos, grande parte dos funcionários continuou não declarando seus nomes.
- O fato de eu ler os comentários de todas as avaliações lembrava-lhes que eram membros importantes da comunidade AES.
- A avaliação foi igualmente eficaz como ferramenta educacional. A cada ano recordava quais eram os valores compartilhados, como eram definidos e por que eram importantes para a vida em comunidade.
- As avaliações ajudaram a identificar problemas, omissões e compreensão equivocada dos valores. Algumas vezes apontaram líderes que agiam contrariamente aos valores e princípios da empresa. Da mesma forma, os comentários freqüentemente revelavam importantes concepções equivocadas a respeito de como deveriam ser praticados.

Ao longo dos anos, os resultados da avaliação foram tão positivos que chegavam a impressionar. A interpretação dos valores era condizente com a visão que eu tinha a respeito, embora as respostas de quase todas as unidades sempre apontassem problemas e assuntos importantes que careciam de atenção. Nunca conseguimos nos aproximar da perfeição, mas o que fizemos já foi um grande avanço.

Comentários "negativos" eram comuns entre pessoas ou unidades que faziam parte da companhia por menos de três anos. Alguns exemplos: "Alguns líderes são muito descomprometidos com a imposição dos valores", "A AES não me pertence. Ela funciona independente de mim ou de minhas ações", "Bakke não se importa com férias nem com empregados horistas", "É chocante o número de pessoas que impõem esses princípios, e ainda assim essa mesma gente escolhe não segui-los", "Eu não concordo com a filosofia do *curtir* o trabalho. Por que as pessoas precisam encarar tantos desafios para poder *curtir*?".

Os resultados e comentários eram semelhantes, independentemente de nacionalidade, religião, sistema político, classe social ou nível educacional. Essa descoberta foi importante, porque em meados dos anos 1990 apenas 8% dos funcionários da companhia tinham o inglês como primeira língua. "Esses são valores islâmicos", "Isso é consistente com a minha fé cristã", "Esses são valores humanos". Entre as unidades que faziam parte ativa da AES por três anos ou mais, os comentários geralmente se destacavam. A "diversidade cultural", aparentemente, tende a se desfazer quando se trata das características humanas básicas.

"É preciso ser cego para não perceber o que a corporação faz para mudar a forma como as pessoas enxergam seu ambiente de trabalho", disse um funcionário dos Estados Unidos.

"Estou muito feliz, porque hoje pratico valores que antes estavam escondidos", disse um brasileiro.

"Minha usina é, de longe, a melhor do Paquistão, e meu emprego é, com certeza, o melhor que já tive", foi outro comentário.

"Os valores de trabalho da AES são valores humanos básicos, e muito semelhantes aos que ensinamos em casa", disse um paquistanês.

"Essa é a mais fantástica doutrina corporativa que já vi", disse um norte-americano a respeito dos dirigentes dispostos a abdicar de sua autoridade.

"A AES é um ótimo lugar para trabalhar. Ela me ensinou um jeito totalmente novo de olhar o trabalho e a vida como um todo", disse outro norte-americano.

"A AES é o melhor emprego que já tive e, salvo qualquer desastre, espero poder trabalhar aqui pelo resto da vida. Por que gosto daqui? A liberdade, o desafio, as oportunidades, os valores, os objetivos, tudo", resumiu um funcionário.

"Aqui sou livre para me desenvolver, eu sinto que posso chegar à lua", disse outro.

E aquele que mais me comoveu: "Se tomar decisões e assumir responsabilidades são os principais elementos do gosto pelo trabalho, *[esta unidade]* deve ser o lugar mais gostoso da AES! O ambiente de trabalho é tão excelente que fico ansioso para vir trabalhar de manhã".

Problemas e soluções

Um dos mais importantes benefícios da avaliação foi a discussão provocada em todas as unidades. Eram momentos para comemorar o progresso do ano em relação aos valores compartilhados e para tratar dos problemas descritos. O processo foi tão crucial para a AES quanto nossas deliberações orçamentárias e nossas avaliações de remuneração.

No entanto, o *feedback* de desempenho é sempre um assunto delicado, independentemente de como é feito. Uma vez, em uma visita à unidade de Thames, Connecticut, alguém reclamou do "contra-ataque na segunda-feira". "Eu pensei que era contra as regras me jogar na cara depois do fato consumado", a pessoa disse.

"Não é, não", respondi. "Depois de ter recebido aconselhamentos suficientes com seus colegas, você sempre tem o direito inquestionável de empreender qualquer ação. No entanto, uma vez realizada a ação, ou tomada a decisão, todos nós vamos olhar para os resultados. Usamos essa informação para apontar você e nós mesmos como responsáveis".

É claro que toda a equipe, e até mesmo toda a organização, deve assumir em conjunto a responsabilidade pelo que acontece. Só que é o indivíduo que tomou a decisão final quem assumirá a maior parte das conseqüências. Isso foi o que tornou a AES tão gratificante e compensadora.

Em geral, eu notava que as pessoas que reclamavam porque outras não estavam sendo consideradas responsáveis por suas ações se referiam ao fato de não terem sido penalizadas por resultados fracos. Gostaria que essas mesmas pessoas capazes de criticar estivessem igualmente preocupadas em comemorar boas decisões e bons resultados. Os dois lados são igualmente importantes na equação da respeitabilidade. Temos inclinação a dedicar menos tempo falando a respeito do lado positivo das coisas. Em vez disso, simplesmente oferecemos recompensas palpáveis, como promoções, aumentos e bônus.

Mesmo nos jogos, nós nos sentimos muito menos confortáveis ao responsabilizar as pessoas pelos resultados negativos. Quando é que se deve demitir ou rebaixar alguém? Eliminar seus bônus ou cortar o pagamento? Não tenho uma resposta simples, a não ser a certeza de que cada caso é um caso.

Na AES os líderes têm outra forma de lidar com os que não apresentam desempenho à altura dos nossos padrões. Simplesmente não os encarregamos de decisões com a mesma freqüência que o faríamos em circunstâncias normais. Essa abordagem pode transmitir uma mensagem bastante eficaz para quem não demonstrou desempenho satisfatório, e ao mesmo tempo continua oferecendo um ambiente gostoso para os demais membros da equipe.

Acredito que a melhor e mais apropriada reação diante da maioria dos enganos, na vida e no âmbito de uma organização, é admitir o erro, pedir perdão e prometer tentar não repeti-lo. Na maior parte das vezes isso é "castigo" suficiente. É necessário que os membros da organização compreendam o significado de perdoar e, depois, passem a agir como se o problema jamais houvesse ocorrido.

Muitas vezes me perguntam: "Quando uma pessoa deve ser demitida?". Minha resposta tem sido coerente. Demitir é apropriado quando a pessoa não aceita a responsabilidade pela transgressão e se recusa a pedir perdão. Isso é especialmente aplicável quando o problema for uma séria quebra de valores ou de princípios importantes. Perder 1 milhão de dólares ou causar um acidente são problemas terríveis, mas não precisam necessariamente resultar em demissão, a não ser que a pessoa se recuse a reconhecer o erro e a pedir perdão por ele.

Todo dirigente de organização sabe que os enganos freqüentemente não têm contornos claros. Pode ser difícil definir de quem é a culpa. Fazer com que as pessoas sejam responsabilizadas por um erro requer enorme humildade. Existem mais perguntas do que respostas no processo todo. Há muitas áreas "nebulosas", que exigem uma sabedoria de Salomão para nos orientar.

Há muito tempo as organizações vêm confundindo respeitabilidade e controle. Minha experiência diz que ninguém quer ser controlado, mas a maioria deseja saber se teve um bom desempenho. Para construir um excelente ambiente de trabalho é essencial manter um "placar", avaliar desempenhos e distribuir recompensas e penalidades. No entanto, fazer com que esses processos funcionem de maneira justa e consistente exige uma disciplina sobrenatural.

Remuneração em xeque

As recompensas podem assumir muitas formas. Honrarias, promoções e o louvor dos colegas contam muito. Entretanto, a remuneração é a recompensa mais importante em todas as organizações, com exceção das associações de voluntariado. Só que ela não é um indicador de felicidade futura. Não se deve esperar *curtir* mais o trabalho por ganhar um aumento de salário significativo. Se o local de trabalho for infeliz, as pessoas que trabalham ali provavelmente pressionarão por pagamentos extras que compensem a chatice.

A remuneração é, acima de tudo, um assunto individual. Ela leva em consideração a contribuição de uma pessoa para a organização. Em geral, envolve uma comparação aproximada com quanto se paga por funções semelhantes em companhias similares. Só que não existem duas pessoas iguais, e é dever dos líderes da empresa se certificarem de que os funcionários recebam de acordo com suas habilidades, realizações e capacidade para trabalhar com outras pessoas.

Os sistemas de faixas salariais usados pelo governo e freqüentemente defendidos pelos sindicatos (e algumas vezes pelos administradores) são, em sua essência, arbitrários e injustos. Eles premiam o baixo desempenho e não recompensam suficientemente os grandes realizadores. Pior, são uma forma de controlar o grupo – "comunismo corporativo", nas palavras de um executivo que conheço –, um jeito de jogar todos os funcionários para o mais baixo denominador comum.

A forma de compensação que mais me chama a atenção – por seu aspecto negativo, é claro – é a de pagar salários aos executivos e outras pessoas "importantes", enquanto todos os outros recebem por hora, incluindo as horas extras, caso não consigam terminar as tarefas dentro do tempo "normal".

Trata-se de uma regressão à Revolução Industrial, que separava a força de trabalho em dois grupos arbitrários – mão-de-obra e administração. Essa estrutura foi regulamentada pelas "leis trabalhistas" no início do século XX. O abismo entre os dois grupos com freqüência é agravado pelo elitismo dos administradores e pela militância dos sindicatos. Hoje, as leis federais e estaduais a respeito de hora e ordenado são obstáculos à criação de ambientes profissionais prazerosos e satisfatórios. Para muitos trabalhadores, o tempo e o esforço físico dedicados ao trabalho são colocados acima da inovação, desempenho e realizações.

Quando eu era jovem vivi perto de uma reserva indígena, um grupo sujeito a discriminações. No final da adolescência, assisti às grandes conquistas alcançadas pelos movimentos de direitos civis em favor dos afro-americanos. Estou convencido de que a próxima forma de discriminação a ser derrubada é o tratamento de segunda classe dado a homens e mulheres que trabalham.

A divisão entre as elites e os trabalhadores ficava evidente em todos os lugares onde fazíamos negócios, das antigas colônias européias na Índia até a América do Sul e países comunistas como a China e o Cazaquistão. As democracias ocidentais não eram melhores que ex-estados comunistas ou nações de economia emergente. Esse sistema de classes pode ser encontrado, de uma forma ou outra, em todos os países industrializados do mundo.

Levei quase três anos para persuadir os dirigentes de nossas unidades a experimentarem a abordagem "salário cheio", a fim de reduzir e possivelmente eliminar esse comportamento discriminatório. O maior obstáculo? Aquilo não tinha sido realmente tentado em larga escala industrial. Também foi difícil estruturar um programa que se adequasse às leis trabalhistas dos Estados Unidos.

Em razão de leis antiquadas, não pudemos simplesmente jogar fora os sistemas de pagamento por hora. Em vez disso, criamos um programa voluntário, pelo qual seria possível a volta ao sistema de horas a qualquer momento, sem nenhum questionamento. Curiosamente, até mesmo essa abordagem voluntária foi vista por alguns especialistas como contrária às leis trabalhistas, aplicadas a técnicos, operadores e engenheiros que freqüentemente ganhavam entre 40 mil e 60 mil dólares ao ano (em dólares de 1990).

Fiz várias gestões para mudar esse quadro. Finalmente, nossa menor unidade, a da Califórnia, com apenas 26 pessoas, fez a mudança para o sistema de salário cheio. O salário original era igual ao pagamento das horas da pessoa mais a média de horas extras trabalhadas na unidade no ano anterior. Todos tinham a possibilidade de receber bônus e opções de ações, exatamente como seus chefes. O pacote de remuneração incluía as mesmas contingências de todos os dirigentes da companhia, inclusive eu. Os bônus e opções de ações não eram garantidos, mas baseados no desempenho individual, da unidade e da corporação.

Para ficar dentro da lei, a unidade mantinha um registro das horas trabalhadas, caso o governo a acusasse de exploração trabalhista. Cerca de seis meses depois, um operador da sala de controle me disse:

– Nós adoramos. A surpresa é que agora temos um salário-base mais alto. Isso ajudou alguns a obterem melhores empréstimos para a compra da casa própria. A maioria está passando menos tempo do que antes no serviço e ficando mais com a família. Por falar nisso, paramos de registrar as horas.

– E o governo? –, perguntei.

– A gente andou lendo Martin Luther King a respeito de desobediência civil... – ele respondeu.

Quando iniciamos a mudança na política de remuneração da AES, apenas 10% de nosso pessoal, em todo o mundo, recebia salários. Os outros 90% eram pagos por hora. Quando deixei a companhia, em 2002, mais de 90% das 40 mil pessoas em 31 países eram pagas em salários, exatamente como os dirigentes da companhia.

Foi um passo gigante na quebra de barreiras entre os administradores e a mão-de-obra e em direção à união de todos. Na média, as pessoas ganhavam quase o mesmo que antes, mas passavam menos tempo nas usinas ou nos escritórios. Não havia razão para ficar quatro horas da manhã de um sábado fazendo um reparo em vez de fazê-lo em uma hora, na sexta-feira à noite. Na maioria dos casos, os trabalhadores demonstraram maior responsabilidade, iniciativa e orgulho pelo trabalho. O resultado mais importante foi o auto-respeito que despertou nas pessoas da AES.

Em termos estritamente econômicos, provavelmente não faz muita diferença quem determina o pagamento. Algumas organizações usam fórmulas computadorizadas para estabelecer esse valor. O presidente dos Estados Unidos estabelece a porcentagem de aumento para cada servidor do governo federal. Em algumas empresas, o departamento de recursos humanos decide a respeito dos pagamentos. Muitas ainda usam os sindicatos e as equipes de negociação para determinar a remuneração. Tradicionalmente, o mais comum é que o supervisor decida.

Na AES, a primeira grande questão era se as informações referentes aos pagamentos deveriam ser confidenciais. Roger Sant e eu sempre advogamos a transparência nesses assuntos. Achávamos um mito acreditar que um trabalhador não soubesse quanto o colega ganha. Mas muitos dirigentes acreditavam nisso, e não queriam explicar por que uma pessoa ganhava mais do que outra. Minha resposta foi que líderes responsáveis devem ser capazes de oferecer uma razão legítima por todas as decisões que tomam, inclusive aquelas que envolvem remuneração. Infelizmente, poucas unidades decidiram fornecer informações salariais a todos os membros das equipes.

Diversas experiências interessantes, permitindo que as pessoas estabelecessem sua própria remuneração, foram realizadas na AES. A primeira aconteceu com um pequeno grupo de fomento de negócios e durou apenas um ano. O supervisor considerou um fracasso: os melhores atribuíam muito pouco para si e os menos realizadores se atribuíam muito.

No começo, os bônus eram estabelecidos a partir de critérios "objetivos", definidos por fórmulas. Com o tempo, adotou-se uma abordagem mais subjetiva, que incluía a forma como o empregado praticava os valores e princípios da empresa. O cálculo era feito por meio de um processo consensual que envolvia todos os membros das equipes. Ouvi poucas reclamações a respeito dessa abordagem. Após várias dinâmicas, o processo que pareceu funcionar melhor exigia que cada pessoa propusesse um nível de remuneração e então enviasse a proposta a outros do grupo, para comentários antes da decisão final.

A experiência mais radical foi conduzida por Pete Norgeot, um veterano gerente de unidade. Primeiro, o grupo montava um orçamento consistente com seus planos de negócios. O orçamento tinha um item para a despesa total com remuneração, que não poderia ser excedida. Uma força-tarefa já pesquisara níveis salariais na região onde a usina se localizava e a informação era fornecida a todos os funcionários.

Cada trabalhador propôs seu próprio salário para o ano vindouro e enviou o projeto para que todos os outros pudessem comentar. Após uma semana, cada um decidiu sua própria remuneração. Quando todos os valores foram somados, o resultado excedeu o orçamento, mas não por uma grande margem. Verificou-se que apenas uma pessoa havia estabelecido uma quantia substancialmente superior à de outros com responsabilidade, habilidade e experiência comparáveis. Fora também um dos poucos a ignorar o conselho dos colegas para adequar seus números. Depois que essa informação lhe foi dada, ele concordou em reduzir sua proposta. O total revisado permitiu, então, que a unidade ficasse dentro do orçamento original.

Quem participou desse processo foi transformado por ele. Compreendeu como os salários afetam a economia geral de uma organização. Aprendeu o valor de buscar aconselhamento quando é necessário equilibrar interesses concorrentes. Colocou os interesses de outros colaboradores no mesmo nível ou até acima dos seus. O exercício uniu os membros das equipes e os ajudou a faz a transição de trabalhadores para empreendedores. Transformou-os em "donos" de seu trabalho. Pela primeira vez, compreenderam o que significava ser um "zelador". Esse método para estabelecer remuneração foi cansativo, mas muito bem-sucedido e prazeroso.

Direito e disciplina

Sempre me lembro da minha visita à plantação de cana-de-açúcar em Uganda, onde os proprietários pagavam quase nada em dinheiro a seus empregados, mas davam moradia, escola e assistência médica "gratuitas". Muitas empresas adotaram abordagens semelhantes no passado. Indústrias têxteis e fábricas possuíam lojas da companhia, ou até verdadeiras cidades. Ostensivamente, o objetivo era beneficiar os trabalhadores, mas na realidade essas medidas serviam para prender as pessoas, através de contratos com a oferta de crédito fácil.

A abordagem da "ajuda" aos pobres é semelhante. Uma pequena porcentagem do que é destinado aos pobres e necessitados chega a eles em dinheiro vivo, de tal forma que podem decidir como gastar. A maior parte dilui-se pelo caminho, sendo gasta com servidores públicos de programas de ajuda, com assistentes sociais e em serviços como assistência médica, educação, auxílio à infância e alimentação.

Os pobres têm pouca ou nenhuma escolha ou papel decisório em relação ao uso desses "benefícios". Se crescimento, responsabilidade, maturidade e prazer advêm da possibilidade de tomar decisões e de responder pelos resultados, então temos prestado um grande desserviço. Nós tratamos os pobres como crianças incapazes de pensar. No processo, fazemos com que se tornem dependentes e os transformamos em tutelados da sociedade.

Os sistemas de benefícios usados pela maior parte das companhias são igualmente paternalistas. A inflação do pós-guerra levou o governo dos Estados Unidos a controlar as remunerações. Como isso, proibiu-se que as empresas elevassem as ofertas de pagamento para os futuros contratados. Em um mercado com pouca oferta de mão-de-obra, as organizações mais perspicazes começaram a oferecer "benefícios" isentos de controle.

O controle acabou, mas os benefícios permaneceram. Na maior parte dos casos, as decisões relativas a ajudas são controladas pela companhia. Os funcionários relutam em reclamar porque o governo taxa os ganhos monetários, mas geralmente não os benefícios, não classificados como remuneração. Essa é outra lei que prejudica os trabalhadores, por lhes dar menor controle sobre como gastar seu dinheiro.

Acredito que as companhias e as pessoas que trabalham nelas devem procurar suas próprias formas de remuneração monetária. Isso garante que os funcionários decidam por si mesmos quanto desejam gastar com férias, assistência médica, cuidados com os filhos, cerimônias de casamento e uma porção de outros extras oferecidos por muitas empresas.

Quase nenhum dos funcionários com que já conversei parece compreender que a quantia disponível para remuneração de pessoal é basicamente fixada pela realidade econômica da organização. Essa quantia fixa é composta das remunerações mais o custo dos benefícios. Se os benefícios aumentam, os pagamentos em dinheiro precisam diminuir, e eles aumentariam e diminuiriam em igual medida se não fosse pelo tratamento preferencial que a taxação tributária dá aos benefícios.

Espero que algum dia a legislação tributária mude para que as companhias não precisem mais de incentivo para oferecer "extras" e os substituam por remuneração direta. Por exemplo, não seria melhor pagar um parente para tomar conta dos filhos em vez de usar a creche da companhia?

A disciplina organizacional é a argamassa de um ambiente profissional bem-sucedido. Por disciplina quero dizer autodisciplina. Não se trata de controle ou respeitabilidade; significa tomar decisões importantes e desempenhar as funções do dia-a-dia com bom ou mau tempo, doente ou saudável.

Disciplina é conferir o marcador de pressão da caldeira a cada hora, mesmo nunca tendo encontrado nada fora do normal nos três anos em que você tem sido responsável pela área da caldeira.

Disciplina é ir a uma unidade para comemorar os notáveis resultados da avaliação de valores, mesmo quando o desempenho insatisfatório de outra unidade torna improvável que a companhia alcance a meta do trimestre.

Disciplina é recusar receber bônus por um projeto que não correspondeu às projeções de desempenho.

Disciplina é permanecer humilde quando todos ao seu redor estão cantando louvores porque o preço das ações subiu.

Disciplina é manter-se fiel aos valores compartilhados mesmo quando o desempenho econômico da empresa não chegou a ser brilhante.

Disciplina é colocar os interesses dos colaboradores invisíveis e dos clientes longínquos no mesmo nível que os seus.

Disciplina é ter coragem de dizer que não sabe a resposta e buscar o aconselhamento dos colegas – ou buscar aconselhamento mesmo quando tem certeza da resposta.

Disciplina é *curtir* dar assistência, e não só fazer cestas. Disciplina é lembrar sempre que você é parte de uma equipe.

Um bom líder é humilde, corajoso, íntegro e consegue abrir mão do poder.
Tem paixão pelas pessoas, pelos valores e pela missão da organização.

6

SENTIMENTOS MOVENDO O TRABALHO

A chave do gosto pelo trabalho é a liberdade de tomar decisões importantes para a organização. E a chave para a boa liderança organizacional é abster-se disso sempre que possível. Só que a teoria na prática é outra.

Desde pequeno fui encorajado a ser decidido. Durante minha adolescência e juventude, gostava de ter responsabilidades e assumir as conseqüências disso. Então veio a AES e compreendi que aquele prazer deveria ser distribuído. Entendi que, como co-fundador e mais tarde presidente, precisava adotar um estilo de liderança que deixasse a maior parte das decisões importantes para os outros.

Minha concepção de liderança não exige um super-homem à frente da equipe. Na verdade, o estilo super-herói de liderança não foi concebido para criar um ambiente de gosto pelo trabalho ou para dar ênfase aos valores.

Hoje existe um foco quase excessivo sobre a liderança, principalmente porque é alardeada como a chave para o sucesso econômico. Para mim, quando a boa administração encontra um mau negócio, é o negócio que mantém sua reputação. Por outro lado, a importância e o impacto da liderança moral são subestimados.

Os líderes morais servem a uma organização mais do que a controlam. Seu objetivo é criar uma comunidade que encoraje os indivíduos a tomarem iniciativas, praticarem autodisciplina, tomarem decisões e assumirem a responsabilidade por suas ações. Essa forma de liderança para servir é freqüentemente confundida com descompromisso e até com passividade, quando se trata justamente do oposto.

Bons líderes servis se engajam em todos os aspectos da vida da organização, desde sugerindo novas idéias radicais até transmitindo os valores e princípios que a regem. O tipo de líder que tenho em mente toma poucas – se é que toma alguma – decisões finais em assuntos de negócios, mas nunca fica passivo ou distante do centro dos planos, processo e ações importantes para a companhia.

Uma das lições mais difíceis que tive de aprender foi que não existe relação entre liderança e administração de pessoas. Pessoas não são recursos ou passivos que possam ser administrados. A liderança também não está em analisar os problemas e tomar grandes decisões.

A personalidade do líder é muito mais importante que suas competências. Os traços mais importantes são a humildade, a disposição para abdicar do poder, a coragem, a integridade, o amor e a paixão pelas pessoas, pelos valores e pela missão da organização.

Não é necessário ser um grande visionário. Um líder deve comunicar uma visão, que pode vir de um colega ou alguém de fora da organização. Um líder também não precisa ser um estrategista ou um analista de talentos, já que estratégia e análise podem ser assumidas por pessoas de dentro ou de fora da companhia. Um líder não precisa nem mesmo ser um comunicador eficaz.

Aristóteles disse: "Nós somos o que fazemos repetidamente. A excelência, portanto, não é um ato, mas um hábito". Creio que essas palavras descrevem em essência como aprendemos e transmitimos os valores que comandam uma organização. O caráter e a virtude não surgem da exploração dos nossos próprios sentimentos e dos dos outros nem são mais bem aprendidos por meio de análises impessoais de escolhas éticas. Não despontam de treinamento intensivo em sala de aula. Na maioria das vezes, assimilamos valores praticando comportamentos e ações corretas, de forma que eles primeiro se tornam um hábito (virtude) e, depois, parte de nossa personalidade (caráter).

Nosso caráter fica transparente para os que estão ao nosso redor, e os líderes precisam se dar conta disso. As pessoas que trabalham para nós percebem tanto os aspectos positivos quanto os negativos de nossa personalidade. Elas não se deixam enganar, mesmo que tentemos encobrir nossas falhas. Somos um livro aberto.

E mais: um líder não precisa nem mesmo ser inspirador. É arrogância pensar que executivos possam controlar as pessoas. Existem anomalias históricas – demagogos que de certa forma movem as pessoas com a força de sua personalidade –, mas os indivíduos geralmente possuem a motivação, a disciplina e a força interior necessárias para agir de forma verdadeira. O papel dos líderes é criar um ambiente que permita o desabrochar de qualidades.

A humildade é o cerne do coração de um líder. Isso significa compreender quem você realmente é, independentemente de seu título ou formação, de sua fortuna ou seu *status*. A humildade é a base para o impulso de fazer com que os outros se saiam bem naquilo que empreendem.

O aspecto mais importante desse estilo de liderança é deixar que outros tomem decisões importantes. Quando isso acontece, o líder dignifica e honra seus subordinados. No momento em que o poder é partilhado, todos ficam em posição de igualdade. As pessoas sentem que são necessárias e valorizadas porque *são* necessárias e *têm* valor.

Quando um líder age como se fosse o mais informado e responsável do grupo, os outros se sentem insignificantes. O efeito intoxicante do exercício do poder pode corromper até mesmo os executivos menos egoístas. Quanto mais decisões tomam, mais confortáveis se sentem em tomá-las. Começam a perder contato com as pessoas abaixo deles, que acabam por se ver como peões movidos no tabuleiro da corporação.

Tenho um amigo que é o tipo de líder que defendo. Ele foi a força por trás da criação de um time de futebol na comunidade, que encoraja a participação de jovens que tiveram uma adolescência difícil. Se quisesse, ele poderia ter assumido o papel de técnico e tomado todas as decisões em relação ao time. Em vez disso, escolheu fazer o que os outros não podiam ou não queriam – levantar dinheiro, jogar quando necessário e providenciar transporte. Fez tudo isso sem pedir nada em troca.

No treinamento da liga infantil de futebol, toda semana ele passava várias horas dando exercícios para os meninos. Como treinador, sempre acatava a opinião dos jogadores, apesar de ter todo o direito de cantar as jogadas e tomar as decisões importantes. Dá para imaginar como todos adoravam estar em seu time, não é mesmo? E o sucesso que alcançavam, então? Era fabuloso.

Não estou dizendo que é impossível para as organizações obterem sucesso técnico e financeiro com líderes auto-exaltados ou até mesmo arrogantes. Mas afirmo uma coisa: é altamente improvável que esses ambientes ofereçam prazer a todos os envolvidos.

Qualidades e sentimentos

A idéia de que executivos de ponta ou peritos financeiros devem tomar decisões-chave está tão enraizada na cultura das corporações que a delegação de papéis e decisões importantes é quase impossível.

A coragem é uma qualidade radical da receita para um ambiente no qual se *curte* o trabalho. O dirigente de uma organização precisa ter coragem para abraçar certas idéias e colocá-las em prática.

Digo isso porque o exercício do poder dá validade aos grandes títulos e altos salários. Quando abdicam do poder, os executivos freqüentemente se sentem inseguros, como se não estivessem fazendo seu trabalho.

Na verdade, quando delegam decisões a seus subordinados, estão alcançando a exigência mais alta de seu cargo. As decisões não apenas estão sendo tomadas por profissionais mais familiarizados com os fatos, mas o ato de decidir faz com que as pessoas tenham um interesse real no desempenho da organização.

Em uma de minhas palestras no Banco Mundial para discutir a abordagem de trabalho da AES, conheci Isabel Guerrero, uma adorável e talentosa gerente encarregada das operações do banco na Bolívia. Ela me disse: "O que você diz a respeito da organização do ambiente profissional e das tomadas de decisão faz sentido para mim. Estou, no entanto, vários degraus abaixo do presidente e de outros altos dirigentes do banco, sem falar dos diretores e todos aqueles peritos em leis, planejamento, controle financeiro, recursos humanos, meio ambiente, assuntos femininos etc., que atualmente têm o direito de vetar o que faço". E perguntou: "O que você recomenda nessa situação?!".

Dei a ela algumas sugestões bem leves a respeito de delegar responsabilidades aos subordinados e, ao mesmo tempo, tentar convencer os superiores a distribuírem a responsabilidade pelas tomadas de decisão. Depois, disse o que digo a todos em posição semelhante: "Esteja preparada para perder o emprego, porque isso é radical". A cor fugiu do seu rosto. Ela murchou visivelmente enquanto se distanciava. Fiquei sabendo depois que era a única pessoa da família a ter ganha-pão.

Não esperava ter notícias dela novamente, até que duas semanas depois ela me telefonou. Era a mesma borbulhante e entusiástica Isabel: "Eu decidi correr atrás, Dennis. Sei que é arriscado, mas é uma aposta que precisa ser feita. Vou mudar para a Bolívia e tentar administrar de acordo com os princípios organizacionais que você sugere".

Quanta coragem ela demonstrou! Naquele dia, descobri que ninguém é mais livre ou mais forte do que aquele que encarou as piores conseqüências possíveis – nesse caso, a possibilidade de ser demitida – e decidiu: "Vou fazer assim mesmo". Não sei se Isabel realmente tentou a abordagem radical que sugeri, mas pelo menos naquele momento ela havia rompido os grilhões que tornam as hierarquias corporativas tão sufocantes.

"Amor" não é uma palavra muito usada no mundo duro dos negócios, talvez por soar agradavelmente aos ouvidos. Só que pode levar a várias interpretações. O amor nos leva a visitar os funcionários espalhados pelo mundo. O amor nos faz desejar trabalhar horas a mais. O amor nos impulsiona a fazer todo o necessário para ajudar outros a alcançarem o sucesso. O amor perdoa os enganos e acolhe os magoados e os frustrados.

Alguns amam vencer, outros amam competir. Alguns amam análise e desenvolvimento estratégico. Há aqueles que amam conseguir que as máquinas façam o que ninguém acredita ser possível. Alguns amam exercer poder sobre os outros. Outros amam criar e implantar sistemas intrincados. Existem os que amam dinheiro: quanto mais, melhor.

Os líderes que amam criar um ambiente profissional dinâmico, gratificante e aprazível amam as *pessoas*. O amor é um ato de humildade, que diz: "Eu preciso de você". O amor afirma que a outra pessoa é valiosa e importante. Não preciso me deter longamente nessa característica de liderança, a maioria de nós sabe o que o amor exige.

Quando jovem, aprendi que uma forma de soletrar amor é T-E-M-P-O. Se eu amo as pessoas que trabalham em minha organização, vou encontrar tempo para estar com elas. Em algumas empresas existem sanções contra "confraternizar com os subordinados". Eu acredito que se privar de criar amizades ou de dedicar tempo a conhecer e amar as pessoas no local de trabalho causa danos ao espírito. Separar os executivos dos demais funcionários com certeza não torna o ambiente mais gostoso.

Os líderes precisam estar com as pessoas por quem são responsáveis – na verdade, os funcionários a quem servem. Não é preciso dizer que essa tarefa se torna mais difícil à medida que posições mais altas são galgadas dentro da organização, pela simples razão de que cada promoção nos torna responsáveis por um número maior de pessoas. Mas os líderes não podem servir as pessoas abaixo dele sem estar algum tempo com elas. É preciso visitá-las sempre, de preferência em seu local de trabalho.

No início da história da AES, trouxemos para o escritório dos Estados Unidos pessoas de nossas unidades do mundo todo. Vieram com o cônjuge, sem diferencial de nível ou tempo de casa. A intenção era que cada um tivesse pelo menos uma chance de fazer contato com o pessoal do escritório central e com colegas de outros locais. Outra intenção era conversar a respeito da história da empresa e dos valores compartilhados.

Roger Sant e eu nos revezamos, dando recepções em nossas casas durante essas orientações semestrais. Todas as vezes que eu visitava uma instalação, quem tinha ido à minha casa ou participado de um fim de semana de orientação em Washington me procurava para falar do significado daquele evento em sua vida.

Eu também usava as orientações e as visitas pelo mundo para atualizar o pessoal a respeito do que vinha acontecendo na empresa. Festejava o seu trabalho. Acima de tudo, essas integrações me deram a oportunidade de expressar respeito e consideração aos que se engajaram na AES.

Muitas vezes, a profissionalização dos gerentes levou a progressos na liderança de algumas grandes organizações. Mas, em muitos casos, sugou a paixão de que os líderes precisavam para transformar suas companhias em excelentes locais de trabalho.

Mark Fitzpatrick, vice-presidente sênior na AES e um de nossos mais competentes peritos em engenharia de usinas elétricas, possuía um dom incrível para encontrar novas oportunidades de negócios. Também era excelente no desenvolvimento de líderes para a companhia. Uma das razões era sua paixão por pessoas. Ele se importava profundamente com cada um. Não tinha medo de demonstrar sua emoção e com freqüência chorava ao elogiar o caráter ou as realizações de alguém.

Ser apaixonado pelas pessoas e pelo que fazem é uma característica-chave de um líder que deseja tornar o trabalho uma vivência de prazer. Demonstrar essa paixão revela quanto as pessoas são importantes e seu trabalho é vital para o sucesso do empreendimento. É crucial que elas saibam que têm real importância para os que estão em posição de liderança.

Valores a toda prova

Para mim, integridade é outra palavra-chave. Pressupõe razoável coerência entre crenças e ações. Líderes que não são coerentes não despertam confiança. Podem ser tolerados por sua posição, mas os subordinados o seguirão mais por necessidade do que por respeito. E esse não é um jeito gostoso de trabalhar.

Com freqüência, presidentes de empresas mandam uma mensagem para os funcionários, outra para os acionistas e ainda outra para os clientes. Na manhã de uma segunda-feira, por exemplo, visita uma unidade para dizer aos funcionários que eles são o bem mais precioso da companhia e que seu bem-estar é a prioridade número um. Na quarta-feira vai até os acionistas e mostra uma lista de tudo que a companhia faz para agregar valor, dizendo: "Este é o nosso maior objetivo. É tudo por vocês". No domingo, sua empresa veicula uma peça publicitária na TV declarando que a qualidade do serviço ao consumidor é sua principal preocupação. Isso tudo reduz a credibilidade e a capacidade de liderança.

Penso que são três os principais papéis dos dirigentes: 1. ser responsáveis pela interpretação dos princípios e valores compartilhados da organização, 2. ser conselheiros superiores a todos os outros dentro da organização e 3. ser a consciência coletiva que impulsiona a organização a obter seus objetivos e realizar seus ideais.

Pode parecer incoerente que um dos papéis que atribuo aos dirigentes organizacionais seja tomar decisões em relação aos princípios e valores compartilhados. Mas explico: sugiro que os líderes só exerçam liderança fechada em assuntos que afetem os valores compartilhados de uma organização. Essas crenças são o alicerce do senso de comunidade da companhia, a argamassa que mantém as partes unidas. Todas as outras decisões, inclusive as de grande implicação financeira, devem ser delegadas aos membros da equipe que estiverem mais próximos do assunto em questão.

Os valores compartilhados não são necessariamente os mesmos adotados por cada indivíduo. Essa discrepância potencial tem dois significados. Primeiro, os valores da organização devem ser clara e completamente definidos. Segundo: caso surja um conflito entre os valores do indivíduo e os da organização, os compartilhados pelo grupo devem prevalecer.

É importante que os líderes distingam os princípios imutáveis da corporação de suas estratégias em constante alteração. Os primeiros são uma questão de preceitos morais testados e comprovados através dos milênios. As segundas estão relacionadas às condições de mercado e às competências e qualidades de uma organização.

Responsabilidade do líder

Os membros do conselho devem praticar os mesmos valores que todos os outros na companhia. Por serem os dirigentes mais graduados, podem representar um impacto enorme sobre o gosto pelo trabalho, dependendo de como encaram as decisões.

Na AES, sugeri que os membros do conselho, inclusive eu, fossem conselheiros ativos nos assuntos importantes a respeito da empresa. Só que não deveriam tomar decisões, exceto quando exigido por lei. Convencê-los a exercitar essa contenção não é uma tarefa fácil. Muitos são bons em decisões em outras organizações e não vão abdicar facilmente dessa prerrogativa ao ingressar em um conselho.

Para minimizarem o número de intervenções em decisões a respeito de valores, os líderes devem dedicar tempo e energia para difundi-los por toda a organização. Para alguns, os valores compartilhados da AES eram naturais e fáceis de compreender, mas sua interpretação variava enormemente entre outros funcionários. A maior parte das diferenças era resolvida por meio de ensinamento e discussões. O resultado: ou as pessoas adotavam a interpretação comum ou aceitavam que era direito da companhia aplicar os valores compartilhados ao local de trabalho.

Uma de minhas tarefas mais importantes era transmitir os valores compartilhados. Aconselhava outros dirigentes a fazer o mesmo. Naturalmente, a mais importante forma de educar era vivenciá-los pessoalmente, tanto dentro quanto fora da organização. Assim, eu encerrava as Conferências de Dirigentes com uma frase de São Francisco de Assis: "Vá e ensine os valores todos os dias. Se necessário, use palavras".

Ser um conselheiro influente restitui um pouco do gosto que se tem por "ser um chefe". Não deter o controle e não tomar as decisões-chave diminui o prazer no ambiente profissional. Por isso, acredito que os líderes, assim como os membros do conselho, deveriam ser consultados a respeito de todos os assuntos importantes.

Ser o responsável por avaliações é como ser uma criança contando os pontos. É difícil fazer avaliações no âmbito das organizações, mas nem de longe tão difícil quanto saber que nós e nossos companheiros também respondemos pelos resultados. Não podemos simplesmente desistir quando a contagem pende para o outro lado.

Nos primeiros dias da Colméia, tomei por certo que os indivíduos e as equipes prestariam contas, eles mesmos, pelos resultados de seu desempenho. Não foi sempre uma boa decisão, especialmente quando os resultados eram fracos. Percebi que os líderes têm de dar um passo à frente e encorajar a responsabilidade pela prestação de contas.

Embora nem sempre seja fácil assumir a responsabilidade por nossas ações, se desejamos experimentar o sentimento de prazer e de realização que o ambiente profissional pode oferecer, é preciso fazê-lo. Para que as pessoas sejam o melhor que podem ser, é necessário que os líderes as responsabilizem quando falharem e expressem gratidão quando tiverem sucesso.

Os líderes precisam "definir a realidade". Qual é nossa situação em relação ao nosso objetivo? Como estamos nos saindo em relação a nossos competidores? Quem é o maior responsável por nosso sucesso ou fracasso? Quais as conseqüências de nosso desempenho? Seria maravilhoso se cada um de nós se fizesse rotineiramente essas perguntas e adequasse os hábitos de trabalho com base nas respostas. Em um mundo perfeito isso talvez pudesse acontecer, mas minha experiência diz que não é automático. Os dirigentes devem encontrar formas de estimular a autodisciplina, a autoavaliação e a respeitabilidade individual e de equipe.

Uma parte crucial do processo é ensinar por meio do exemplo. Quando nossos técnicos de Oklahoma mentiram para a APA em 1992, reduzi minha própria remuneração em 30% naquele ano. Outros administradores e dirigentes da usina também tiveram reduções, variando entre 10% e 20%. Assumir a responsabilidade por um "mau resultado" é papel do líder, mesmo que não tenha responsabilidade direta pelo fato ocorrido.

Transformar executivos tradicionais em líderes servis pode ser um processo desgastante. Depois que a abordagem radical de liderança adotada pela AES foi publicada em dezenas de revistas e jornais, executivos decidiram adotá-la como referência. Estavam impressionados com a vibração, a criatividade, a lealdade e o prazer evidentes na companhia. Mas, quando perceberam que a chave para a construção daquele tipo de ambiente era limitar *seus* poderes e alcance de decisão, a maioria voltou para o tradicional.

Dirigentes experimentam grande satisfação com seu papel e relutam em abdicar de suas prerrogativas. Executivos acham que a emoção e a vibração da liderança estão centradas nos ganhos que eles trazem para a organização. O oposto é verdade, também. Quando as coisas não vão bem, especialmente com as finanças, você ouve: "Não dá mais para *curtir*".

Embora vencer e perder realmente influenciem o sentimento a respeito do trabalho, essa não é a chave para o prazer profissional. O principal motivo que faz com que os dirigentes encontrem prazer no trabalho não é o prestígio, o *status* ou o sucesso financeiro. É o controle, a autoridade para tomar decisões que dá a eles a oportunidade para fazer com que a organização tenha sucesso. Por que a aposentadoria é difícil para tantos altos executivos que têm grana? A razão é que depois de aposentados eles não se sentem úteis ou capazes de usar suas habilidades e criatividades únicas. Eu me pergunto: quantos já perceberam que 90% das pessoas em suas organizações jamais tiveram uma chance para exercitar seus dons naturais e realizar seu potencial? Muitas se aposentam sem jamais ter experimentado o prazer que o trabalho com significado pode dar.

Uma das funções de um grande dirigente é tornar melhores todos os membros de sua equipe. Isso é especialmente verdadeiro numa organização que se coloca o desafio de oferecer um ambiente onde se possa *curtir* o trabalho. Líderes que desejam ampliar o prazer e o sucesso no ambiente profissional devem aprender a obter mais satisfação pessoal com as realizações das pessoas sob sua liderança, e não com o exercício do poder.

As pessoas querem ser parte de alguma coisa maior do que elas.
Elas querem fazer uma diferença positiva para o mundo.

7

A IMPORTÂNCIA DO OBJETIVO

O histórico caminho do Canla Chesapeake & Ohio segue à margem do Rio Potomac por 295 quilômetros, desde Washington até Cumberland, Maryland. Nos arredores da Georgetown de Washington, uma placa comemorativa credita a George Washington o mérito de inspirar o canal. Muito antes de ter se tornado o primeiro presidente norte-americano, ele teve a idéia de construir uma série de eclusas ao redor das quedas d'água que bloqueavam a navegação comercial ao norte do estado. Para realizar seu plano, constituiu a Patowmack Co., uma corporação comercial com recursos de investidores.

Qual foi a principal motivação de George Washington para fundar a companhia? Ganhar dinheiro para si mesmo? Ganhar dinheiro para os investidores? Fazer seu nome? Testar suas habilidades como engenheiro? Abrir o rio para navegação visando ao desenvolvimento de Maryland, da Virgínia e de seus cidadãos? Pelo que li a respeito, desconfio que o principal objetivo era melhorar a navegação. Apenas num segundo momento houve a intenção de obter lucros.

Aprendi que o indicador de uma boa sociedade é facilitar o bem e dificultar o mau comportamento. Uma companhia não deveria ser assim também? Durante os últimos séculos as grandes organizações puderam escolher entre uma larga variedade de missões, objetivos e propósitos. Por outro lado, os capitalistas acreditam que o principal propósito de uma companhia é produzir lucro para os acionistas. A missão acaba manchada por alguns executivos que usam o empreendimento para se tornar, eles próprios, ricos, poderosos e dissolutos – ou todas as três coisas.

Na antiga União Soviética, a maioria das grandes organizações tinha uma missão diferente: executar a política do Estado. Nos países capitalistas, a retórica e o comportamento de alguns líderes governamentais sugerem que eles acreditam que o principal propósito das empresas comerciais é gerar arrecadação de impostos para financiar os programas governamentais. Outros representantes do governo acreditam que os negócios existem para criar empregos. Finalmente, algumas organizações sem fins lucrativos redigem grandiosas declarações da missão de ajudar a sociedade sem nenhuma referência a suas próprias atividades econômicas.

As pessoas tendem a agir de maneira coerente com seus objetivos pessoais. Da mesma forma, o principal propósito de uma companhia – o verdadeiro, e não necessariamente o escrito nos documentos oficiais ou exibido em placas na parede – direciona suas ações e decisões. Se membros do conselho e dirigentes seniores reagem com entusiasmo quando o preço das ações sobe e fecham a cara quando cai, a prioridade mais elevada da organização logo se torna clara para os executivos.

Onde atuam, os objetivos e as missões tendem a moldar o comportamento das organizações e das pessoas. John Stuart Mill, filósofo e economista do século XIX, disse: "São felizes apenas aqueles que têm a mente voltada para um objetivo outro que não sua própria felicidade – para a felicidade dos outros (...) para a importância da humanidade, ou até mesmo para alguma atividade ou diligência realizada não como um meio para lucrar, mas como um ideal em si mesmo".

Eleger uma missão é fundamental porque define o sucesso da organização. Se uma companhia escolhe como objetivo principal "agregar valor para os acionistas", o sucesso é definido basicamente pelo preço das ações, o que considero uma medida incompleta de grandeza. Se uma companhia de capital aberto escolhe o propósito de criar valor de longo prazo para os acionistas, o sucesso provavelmente será medido pelo preço das ações mais os dividendos pagos.

Se a companhia estabelece que seu principal objetivo é oferecer bons empregos e satisfação para os funcionários, o aprimoramento do ambiente profissional provavelmente definirá o sucesso. Se o objetivo é fornecer determinada vacina para crianças, muito provavelmente medirá seu sucesso a partir do número de crianças vacinadas. Se uma organização decide que seu objetivo principal será agir com integridade e criar um excelente ambiente, vai se avaliar pela excelência na execução de suas metas.

Toda organização tem uma missão única. Ainda assim, toda organização moderna, progressista e socialmente responsável deveria lutar para alcançar três objetivos:

- servir a sociedade com produtos ou serviços determinados;
- operar de forma economicamente sustentável;
- alcançar tais resultados e ao mesmo tempo respeitar rigorosamente um conjunto definido de princípios éticos e valores compartilhados.

O objetivo de atender a uma necessidade da sociedade deveria ser central em todas as organizações de incorporação estatutária. A organização existe para fazer algo útil para a sociedade. Infelizmente, a tendência atual de priorizar o valor para o acionista coloca em segundo plano a meta de servir. Os executivos esquecem que a palavra "valor" não traz necessariamente um cifrão na frente.

O lucro e o serviço

Empresas parecem existir exclusivamente para lucrar. Vender um produto torna-se um meio para alcançar tal fim. Em minha opinião, pode-se montar uma causa muito melhor trocando os meios e os fins de lugar: o fim deveria ser vender o produto e o meio para continuar a vendê-lo, a obtenção de lucros.

Tanto as organizações incorporadas por investidores quanto aquelas sem fins lucrativos recebem *status* especial do Estado, com direitos e responsabilidades associados. Os dois tipos de organização existem para administrar recursos de maneira que deles resultem um produto ou serviço útil. Servir a sociedade é o principal motivo para que uma organização exista. É por isso que prefiro as palavras "servir" e "zelar" a "vender" e "gerenciar". A distinção na linguagem torna claro que os funcionários são guardiões de recursos, não proprietários. Não faço distinção entre "gerentes" ou "gerência" e outros funcionários. Todos são "zeladores", ou regentes, como diria Peter Block.

O conceito de serviço é crucial para a criação do gosto pelo trabalho. Quando uma companhia estabelece como prioridade máxima o serviço à sociedade, seus funcionários sentem-se energizados. Na AES, o pessoal sentia satisfação em estar zelando por algo. Muitos se apaixonaram pelo trabalho. Eles assumiram como seu o objetivo da companhia de servir a sociedade. A maioria fazia todo o possível para atingir esse objetivo.

O princípio do serviço à sociedade garante a sobrevivência dos empreendimentos privados. Cedo ou tarde, a própria sociedade exigirá o fim do egoísmo que nos últimos anos motiva tantas empresas, acionistas e altos executivos. As corporações existem pela tolerância da sociedade, e conseqüentemente devem ter um propósito mais amplo e significativo do que simplesmente fazer dinheiro.

A importância do papel que a AES desempenhava na sociedade foi gravada de maneira indelével em minha mente quando Roger Sant e eu nos encontramos com Eduard Shevardnadze, então presidente da República da Geórgia. Shevardnadze abriu o encontro com um agradecimento gentil: "Fornecer eletricidade ao povo de Tbilisi (capital da Geórgia) no meio do inverno evitou que ele se rebelasse e também salvou meu emprego. Esse foi o primeiro ano, em muitos, que tivemos iluminação e aquecimento durante uma parte significativa da temporada de inverno".

A missão da AES na Geórgia era a mesma que em qualquer outro lugar – atender à necessidade de eletricidade da sociedade, permitindo-nos ganhar dinheiro suficiente para sustentar a companhia. Dissemos a Shevardnadze que nos sentíamos felizes por ajudar o povo de Tbilisi, mas que a capacidade de operarmos no país ficava ameaçada porque estávamos longe do equilíbrio financeiro, sem mencionar um retorno justo para os investidores. Os objetivos de prestar serviços e manter a saúde financeira são partes de um mesmo todo, que integram o propósito da companhia e são essenciais ao seu sucesso.

Minha experiência mostra que objetivos não-econômicos freqüentemente são considerados "fraquezas". Fatores não-econômicos têm menos peso do que o preço das ações ou os lucros. Concordo que todos os negócios devem buscar a obtenção de um retorno justo, para alcançar sustentabilidade econômica. Os lucros são a recompensa dos acionistas pelo capital que oferecem. São também uma medida objetiva da capacidade da companhia de "zelar" com sucesso por seus recursos, especialmente o capital societário.

Lucros saudáveis são parte integrante de qualquer negócio de sucesso, mas não deveriam ser a única ou a principal razão da sua existência. Agrada-me a analogia feita por Max De Pree: "Os lucros são como a respiração. A respiração não é o objetivo da sua vida, mas é uma boa forma de provar se você está vivo ou não".

Os lucros devem ter a mesma prioridade que é dada aos juros que pagamos para as instituições financeiras, à remuneração dos funcionários, aos impostos para o governo e aos descontos para os clientes. Por que o enriquecimento dos acionistas deve ser mais importante do que produzir com qualidade e vender a preço justo? Que lógica diz que a companhia deve agregar valor para o acionista acima do bem-estar financeiro de seus funcionários?

As corporações recebem do Estado, como "cidadãos individuais", determinados direitos e responsabilidades para que sirvam à comunidade. A maior parte das corporações modernas depende da ajuda de vários grupos e instituições para alcançar esse objetivo.

A economia clássica sugere que todo "residual", ou lucro, deve ir para os acionistas ou proprietários. Alguns estudiosos das corporações modernas usam essa teoria para sugerir que a geração de dinheiro para os acionistas é o principal propósito de uma empresa incorporada por investidores. Alguns estudiosos das leis também apóiam tal posição, embora a jurisprudência não sustente de forma consistente que "o acionista é o rei".

A despeito de questões econômicas e legais, a maioria dos presidentes das grandes organizações sabe que a visão econômica clássica e uma interpretação estrita da propriedade da corporação têm pouca relevância para a operação da organização moderna. Eles precisam trabalhar com a realidade. Cada parceiro é vital para o sucesso da corporação. Obviamente, a companhia depende do capital do investidor, mas precisa também de clientes, empregados produtivos, de direitos e proteção oferecidos pelo governo e dos produtos e serviços dos fornecedores. O valor gerado é a soma das contribuições de todos os parceiros, que em troca merecem uma parcela do valor gerado.

Na realidade, os "residuais" raramente se destinam exclusivamente aos acionistas. Quando se gera valor acima de um nível teórico mínimo, o prêmio freqüentemente é transformado em dividendos e aumento no preço das ações. Os funcionários recebem aumentos, bônus e, algumas vezes, ações. As instituições financeiras são beneficiadas porque a companhia apresenta um risco menor. Os governos e as comunidades recebem, respectivamente, mais impostos e doações filantrópicas maiores, tanto dos empregados quanto da corporação.

Os acionistas nem mesmo escolhem os membros do conselho das corporações em que têm interesse. Eles votam ou ratificam uma lista de conselheiros recrutados pela mesa em exercício. Nenhum candidato ao conselho assume sem a aprovação do presidente. O resultado é que tais conselhos acabam sendo controlados pelas pessoas que trabalham em tempo integral para a organização. Essa é a única forma pragmática de se administrar uma corporação moderna. É um mito que os acionistas controlem a companhia usando a mesa diretora.

O papel dos acionistas

Com freqüência, os especialistas em governança corporativa discutem os direitos dos acionistas, como se a corporação moderna ainda fosse "propriedade" ou estivesse sob o "controle" de uns poucos grandes investidores. Há poucos anos, os acionistas que detinham o controle também ocupavam altos cargos nas empresas. Hoje, raramente formam um grupo coeso com os mesmos objetivos, propósitos e valores. Mesmo depois que nossas ações sofreram queda, em 2002, não houve consenso acerca dos motivos que causaram os problemas ou do que fazer a respeito.

Entre os membros do conselho e os altos dirigentes de uma companhia existe também a propensão para ouvir os acionistas que concordam com seu ponto de vista. Eles citam essa opinião como a razão para empreender ações que por acaso coincidem com sua forma de ver.

Eu fui culpado por esse tipo de comportamento. Durante nosso período turbulento, dediquei mais tempo aos acionistas do que a quaisquer outros parceiros ligados à empresa. Vi que tinham opiniões extremamente diversas em relação à causa da queda das ações e aos passos para remediar a situação, disparidades que foram confirmadas por uma pesquisa realizada na época. Não houve consenso, por exemplo, nem mesmo quanto à necessidade de grandes mudanças de liderança no âmbito da companhia.

Poucos anos atrás, era moda analisar qualquer situação "seguindo o dinheiro". Decidi experimentar a idéia em minha própria empresa. Entre os parceiros, quais possuíam o dinheiro da companhia? Imaginei que a informação me ajudaria a descobrir que grupo era mais importante.

Uma porcentagem bastante pequena da receita gerada pelas companhias é destinada aos acionistas em forma de lucro. Isso reforça minha opinião de que não se deve dar maior importância aos interesses dos investidores. Outros parceiros recebem benefícios econômicos mais significativos do que eles.

Maximizar o valor para um único parceiro provavelmente é mais fácil do que gerar valor para todos. Mas, só porque é mais fácil, não significa que seja o correto. A justiça exige que a companhia equilibre os interesses de todos os parceiros e distribua para cada um a parcela justa dos ganhos.

Por causa da importância de todos os parceiros para o sucesso da AES, mudei meu discurso. De "Caros companheiros acionistas" passei para "Caros amigos". Sentia que devia a cada grupo, e não apenas aos acionistas, um relatório a respeito de como nosso negócio era conduzido.

Gerar valor econômico é um pré-requisito para um negócio viável, mas não pode ser destinado apenas aos acionistas. Eles não "possuem" a companhia da mesma forma como eu possuo minha casa. Eles se parecem mais com os investidores de um prédio de apartamentos que recebem uma parte da renda dos aluguéis depois de feitos os pagamentos de manutenção, aquecimento, segurança etc. Outros parceiros daquele edifício – os locatários, os porteiros e o síndico, por exemplo – também recebem benefícios do empreendimento.

Da mesma forma, os parceiros que contribuem com esforços da empresa para servir a sociedade merecem algum retorno. É preciso gerar valor para *todos* os principais grupos que dão assistência à companhia na busca de seus objetivos. Para se sustentar economicamente, a longo prazo uma empresa precisa gerar valor suficiente para "pagar" aos parceiros uma quantia coerente com sua contribuição ao empreendimento. Destinar retorno superdimensionado a qualquer um dos parceiros é fraudar os demais.

Não precisamos de negócios que estabeleçam como prioridade o "agregar valores". Precisamos, isto sim, de negócios com bom desempenho, o que significa que eles devem ser úteis à sociedade, oferecendo aos consumidores serviços e produtos convenientes. Devem gerar receita suficiente para pagar aos funcionários, bancos, acionistas, governos e outros parceiros aquilo que merecem por sua assistência na construção do sucesso do empreendimento.

Há uma fórmula para mudar positivamente o comportamento dos dirigentes corporativos: dar prioridade ao serviço prestado à sociedade. Isso também reduzirá a pressão para adulterar contas ou ceder a outras ações ilegais e imorais. As oportunidades para comportamentos antiéticos serão reduzidas ainda mais se as companhias fizerem de determinados valores e princípios sua mais alta prioridade.

Integridade, excelência, serviço e responsabilidade social são freqüentemente mencionados nos relatórios anuais e em outros materiais promocionais das companhias. Mas essas considerações não financeiras raramente desempenham algum papel quando a empresa decide comprar ou vender bens, abrir uma nova unidade ou eliminar uma linha de negócios. As decisões geralmente são tomadas com base no que é bom para os acionistas. Membros dos conselhos e os executivos dizem: "Não é necessário gastar tempo com princípios. Todos compreendem que eles estão implícitos".

Estou convencido de que alguns dirigentes empresariais nunca sequer pensariam em tomar decisões que fossem inconsistentes com os valores de suas companhias. Contudo, fica claro que a segurança financeira, os lucros, o crescimento e o preço das ações são os únicos objetivos importantes para praticamente todas as empresas. Isso é particularmente verdadeiro em períodos de tensão nas finanças.

Será que essa meta de gerar lucro para os acionistas, inflando os incentivos financeiros para os executivos, leva a enganar, mentir e ceder a outros comportamentos antiéticos? Todos temos tendências para o egoísmo e a ganância. A maioria de nós se deixa tentar por poder, dinheiro e fama. Alguns chegam a agir de maneira inapropriada. Estabelecer um conjunto de valores ajuda a nos proteger de nós mesmos. Quando nossa missão é servir a outros, não pensamos tanto no próprio umbigo. Canalizar nossa energia para objetivos positivos é infinitamente mais eficiente do que programas excessivamente rigorosos.

Dirigentes em ação

Uma declaração de missão que desafie as pessoas a construírem o ambiente profissional mais gostoso do mundo é essencial para as organizações que desejam experiências de vida gratificantes para seus funcionários. Esse fim não pede nenhuma outra justificativa. No entanto, para executivos que não conseguem tirar o cifrão da frente dos olhos, vale a pena observar que a conexão entre gosto pelo trabalho e desempenho otimizado é extremamente forte. Pesquisas revelam que quando os funcionários se sentem como robôs controlados a produtividade e o desempenho caem.

Na AES foi necessária atenção constante – e muita motivação – para conservar a alegria de trabalhar e deixar os valores compartilhados no alto da lista de prioridades. Tentei tornar nossos princípios uma consideração central em todas as decisões de contratação, discussões de aquisições, editoriais nos boletins da companhia, relatórios anuais, verificações de assimilação de valores, decisões a respeito de remuneração, lançamentos de novos negócios, reuniões de investidores e sessões de avaliação de negócios.

Fazer uma lista dos princípios-chave de uma organização e estampá-los numa placa na parede nunca vai fazer deles uma parte do pensamento coletivo da companhia. Se desejamos que valores e princípios dêem o tom para a organização e guiem suas decisões, eles devem se tornar parte das atividades, dos planos, das discussões e das operações de todos os dias.

Em sua maioria, os funcionários tomam decisões com base no que acredita que os dirigentes valorizam. E como sabem o que os chefes consideram importante? Prestando atenção aos critérios de remuneração. Eles lêem as apresentações da companhia para os acionistas e para os bancos. Analisam os fatores que os chefes usam para tomar decisões. Pesquisam como os líderes zelam pelos recursos da corporação. Observam como cada um conduz sua vida pessoal.

Se os princípios compartilhados não forem discutidos nas decisões de orçamento – cortes de custos, alocação de capitais, definição de estratégias –, rapidamente todos compreenderão que a prioridade real da companhia não está nos valores e princípios, embora eles sejam enaltecidos na carta anual do presidente ou no *website* da corporação.

Para mim, os valores corporativos não têm sentido a não ser que:

1. sejam compartilhados pela maioria das pessoas da organização;
2. sejam vividos com alguma consistência pelos líderes;
3. recebam consideração no mínimo igual à dos critérios econômicos em todas as principais decisões da organização;
4. sejam transmitidos aos funcionários pelos dirigentes mais importantes sempre que for oportuno;
5. sejam comunicados constantemente às pessoas e parceiros *externos*, inclusive acionistas.

Apresentar os princípios e valores compartilhados da companhia às instituições financeiras, acionistas e mesmo aos governos exige coragem. Essas instituições esperam que negócios "sérios" focalizem quase que exclusivamente sua linha de base.

É difícil dar o peso e a atenção apropriados a todos os aspectos da missão de uma companhia, e não apenas às medidas econômicas que interessam aos acionistas e aos bancos. Aprendi que os altos dirigentes sempre devem lembrar aos parceiros que as companhias são falíveis. Devem recordar que, independente de serem diligentes e bem intencionadas, elas ocasionalmente falham.

Metas organizacionais

Três propósitos, ou metas, devem orientar em igual medida uma companhia: a prestação de serviços à sociedade, a saúde econômica e os valores éticos. As principais decisões comerciais devem ser tomadas tanto com base em critérios econômicos quanto nos não econômicos. O planejamento estratégico deve começar e terminar por verificar se o plano serve todos os três propósitos da companhia.

As decisões em relação à remuneração devem refletir o "desempenho" relativo aos três aspectos da missão da companhia. Os membros do conselho e outros dirigentes devem reafirmar que a organização tem outros objetivos além do sucesso econômico. Nas decisões quanto às demissões e contratações, o desempenho de uma pessoa nas áreas não econômicas deve merecer grande consideração. As comunicações com os investidores, bancos, comunidades e outros parceiros devem descrever as principais metas da organização e incluir uma nota de humildade a respeito de sua capacidade para se manter à altura dos padrões que estabelece.

Seria um exagero sugerir que todas as organizações incorporadas pelo Estado, tanto as comerciais quanto aquelas sem fins lucrativos, têm propósitos semelhantes? Acho que não. Ambas deveriam procurar zelar pelos recursos a elas confiados, para atender às necessidades específicas da sociedade com integridade e de uma maneira que faça sentido do ponto de vista econômico.

Nesse aspecto, tanto as organizações comerciais quanto as sem fins lucrativos são muito semelhantes. Ambas fazem boas coisas para a sociedade, e ambas devem dedicar especial atenção a suas declarações de renda e relatórios de balanço. A única diferença substancial é a forma de obter capital. As duas dependem dos clientes para uma parte desse capital. As empresas comerciais, porém, obtêm recursos com investidores e prestamistas, enquanto as organizações sem fins lucrativos dependem de doadores e dos governos.

Sou um firme defensor dos mercados competitivos livres em que os consumidores, e não os governos, e nem sequer os executivos corporativos, estabelecem efetivamente os preços por meio de suas decisões individuais. É muito mais divertido viver em uma sociedade de mercado por causa da liberdade dada ao indivíduo para que tome decisões importantes. Soa parecido com aquilo que torna o ambiente de trabalho prazeroso, não é mesmo?

Acredito que, se as companhias comerciais fazem do "serviço à sociedade" um propósito corporativo importante, as organizações poderiam realizar um trabalho ainda melhor do que o governo ou as fundações na prestação de serviços ao público. Além disso, conseguir capital é mais fácil para as empresas comerciais, porque os investidores e as instituições financeiras têm o incentivo do retorno. As fundações ficam limitadas às doações ou às destinações dos governos, que freqüentemente são mais difíceis de obter.

O pagamento de retorno aos investidores tende a tornar as corporações disciplinadas e eficientes. Portanto, é um engano supor que os governos e as organizações sem fins lucrativos sejam melhores para prestar serviços sociais do que as instituições comerciais. Não existem razões para que estas não possam ser tão eficientes quanto suas primas não-lucrativas na administração de escolas, hospitais, serviços de bem-estar e outros atendimentos públicos.

As organizações dão enorme ênfase ao sucesso. Palavras como "vencer", "excelência", "ótimo" (e não apenas "bom"), "melhor", "primeiro", "súper", "superior", "vantagem competitiva" e "*premium*" são usadas à exaustão para descrever os objetivos das organizações. Quando eu era um jovem atleta, usei muitas dessas mesmas palavras para descrever minhas próprias ambições. Os times pelos quais joguei também as usavam para estabelecer metas de desempenho.

É perfeitamente adequado que indivíduos, times e organizações tenham metas elevadas. É natural sentirmos o impulso de usar nossos talentos e competências adquiridas para obter resultados positivos significativos. Às vezes, os problemas surgem. No entanto o sucesso deve ser medido com base nas metas que atingimos. Quando as metas são apresentadas de forma realista, a existência de muitos "vencedores" é possível, mesmo que os padrões sejam exigentes. A excelência é menos uma competição contra outras organizações do que uma medida interna de qualidade.

As três metas organizacionais – prestar serviços à sociedade, alcançar sustentabilidade econômica e atingir os mais altos padrões éticos – conduzem necessariamente ao sucesso.

Agir com ética e ser prestativo são atitudes freqüentemente consideradas "frouxas", em especial numa época em que a quantificação dos resultados é cada vez mais popular. Só que optar por determinado parâmetro apenas por ser quantificável é como escolher um marido ou uma mulher pela altura, cor dos olhos ou pelos resultados do provão da faculdade. Não importam os dados disponíveis: para fazer um bom julgamento é preciso considerar também as informações que não estão acessíveis num primeiro momento.

Peritos em comportamento organizacional geralmente incentivam o uso de simplicidade na seleção dos propósitos e metas. Provavelmente, consideram-me muito complicado. Seguramente é mais difícil conseguir reunir os funcionários em torno de uma missão com múltiplos componentes. A avaliação do sucesso também se torna um desafio maior. Porém, as metas não devem ser estabelecidas de acordo com a facilidade ou a dificuldade de avaliação do resultado. Elas devem ser escolhidas por serem corretas.

Nos negócios, a motivação e os propósitos direcionam o comportamento, dão um colorido especial às decisões e acrescentam ou subtraem prazer ao trabalho. Faça sempre esse questionamento e use as respostas para medir seu sucesso.

Todo negócio está, ou deveria estar, em constante estado de mudança.

8

BURACOS NA ESTRADA

Tentei criar o ambiente profissional mais prazeroso de todos os tempos pelo processo de tentativa e erro. Para dizer o mínimo: foi difícil. Em alguns momentos, parecia haver mais tentativas e erros do que sucessos.

Por meio de leituras e de meus estudos na Harvard Business School, eu conhecia algumas das melhores pesquisas e teorias disponíveis a respeito de organizações, comportamento humano em locais de trabalho e projetos para ambientes profissionais. Estava familiarizado com as teorias científicas de administração de Frederick Taylor. Tinha estudado a hierarquia das necessidades de Abraham Maslow, bem como as Teoria X e Teoria Y de Douglas McGregor e suas idéias em relação à manipulação psicológica dos trabalhadores. A maior parte foi útil, principalmente por me ensinar as razões de as pessoas detestarem seu trabalho.

Contudo, nenhuma idéia que encontrei nos livros me deu uma receita completa para fazer da AES um tipo de lugar gratificante, estimulante, produtivo e bem-sucedido não só como negócio mas também como um ambiente para as pessoas que ali trabalhassem. A chave para a remodelação foi a experimentação.

Quando os problemas surgiam, nós improvisávamos e constatávamos o que funcionava ou não. O que fizemos não foi criar um ambiente de trabalho pleno de alegria; foi encontrá-lo. Resumi essa experiência numa série de artigos para o periódico interno da AES. Eram os "Buracos na estrada".

Certa vez, um líder sindical de mais ou menos 1,90m de altura e cerca de 90 quilos postou-se à minha frente e fez aquela a pergunta que eu temia havia anos: "O que o senhor acha dos sindicatos?".

Por natureza, eu era simpático aos sindicatos. Meu pai havia sido um trabalhador sindicalizado por toda a vida e tinha muito orgulho disso. Meus estudos a respeito das condições miseráveis de grande parte dos operários tinham me convencido de que os sindicatos eram essenciais para garantir justiça no ambiente profissional e necessários para compensar os poderes inerentes à gerência. Os sábios e experientes gerentes de usinas também me ensinaram que "atacar" os sindicatos ou dizer qualquer coisa depreciativa a seu respeito faria cair por terra as chances que tínhamos de implementar nossas idéias radicais a respeito do trabalho.

– Eu não penso muito a respeito – respondi. – Meu serviço é eliminar a gerência. Se conseguir fazer isso, não sei para que os sindicatos vão servir.

O líder sindical sentou-se e, antes que eu pudesse passar para a próxima pergunta, disse:

– O senhor fala como um sindicalista.

– Eu não sou – respondi sorrindo. – Mas, de qualquer forma, obrigado.

Nos últimos dezesseis anos tenho respondido do mesmo jeito todas as vezes que me fazem aquela pergunta.

O relacionamento da AES com os sindicatos tem sido surpreendente e é rico em histórias nunca contadas a respeito da companhia e sua cultura. Nossa primeira experiência com um sindicato aconteceu em Beaver Valley, perto de Pittsburgh, Pensilvânia. Havíamos comprado as instalações e realizado as renovações enquanto operávamos partes da usina. O pessoal de operações tinha sido transferido da ARCO Chemical, o proprietário anterior, para a AES. Exceto pelos supervisores, todos os trabalhadores eram membros do Sindicato Internacional dos Trabalhadores em Indústrias Petrolíferas, Químicas e Atômicas. A maioria trabalhara naquela usina e pertencera àquele sindicato durante toda a vida adulta.

Desde o início dissemos ao pessoal de Beaver Valley que a vida seria muito diferente com a AES, embora na época não tivéssemos uma idéia muito clara de quais seriam as diferenças. A princípio, elas foram simples. Em minha primeira visita à usina, convidamos todos os funcionários e seus cônjuges para jantarem em um grande restaurante. Fiquei sabendo que era a primeira vez que trabalhadores sindicalizados e não sindicalizados participavam juntos daquele tipo de reunião social.

Dali em diante, todas as comemorações e eventos especiais - golfe, jogos de futebol e de beisebol, jantares, piqueniques, reuniões a respeito das estratégias para a usina e avaliações de nossa pesquisa quanto aos valores compartilhados - foram abertos para gerentes e membros do sindicato. Todas as informações a respeito da usina eram partilhadas com todos. Dissemos que respeitaríamos o sindicato como uma entidade e faríamos o máximo para tratar cada um com a mesma dignidade, não importando a filiação sindical.

Mais tarde, decidimos pagar o bônus de fim de ano nos baseando parcialmente no desempenho das caldeiras e turbinas da usina, que tinham 50 anos de operação. Todos os funcionários, sindicalizados ou não, estariam aptos a participar. Alguns membros do sindicato reagiram com ceticismo.

Francis, que trabalhava em Beaver Valley havia trinta anos, foi um deles. Em uma de minhas visitas noturnas periódicas à usina, encontrei-o cuidando das operações na sala do controle principal. Durante nossa conversa, mencionei que dados indicavam uma diminuição de problemas anteriores da caldeira e que provavelmente o resultado seria um bônus para todos. Era a primeira recompensa oferecida a trabalhadores sindicalizados.

Francis resmungou:

– Eles vão fechar a usina.

– Eles vão fazer o quê? – perguntei, incrédulo. – E, afinal de contas, quem são *eles*?

Francis estava convicto:

– Não tem chance de eles deixarem a gente ganhar esse bônus. Vão fechar as caldeiras uma hora dessas, antes de novembro.

Antes de sair, resmunguei que economicamente não fazia sentido fechar caldeiras só para evitar o pagamento de bônus. Os cheques foram entregues em uma comemoração na usina, pouco mais de um mês depois da minha visita. Quando Francis recebeu seu cheque, o gerente mencionou nossa conversa e comentou animadamente:

– As caldeiras não pararam, e você recebeu.

Sem nenhuma hesitação nem sombra de um sorriso, o homem respondeu:

– É, mas *eles* descontaram os impostos.

Foram necessários anos para alterar a mentalidade de vítima gerada pelas suposições da Revolução Industrial a respeito dos trabalhadores. Alguns nunca conseguiram mudar. No passado, notamos a forte tendência para culpar algum invisível e incógnito "eles" por todas as decisões que os empregados não compreendiam ou com as quais não concordavam. Isso acabou levando à instauração de uma campanha "anti-eles" em toda a companhia.

Nossa intenção era encontrar os "eles" que pareciam ser os responsáveis por todas as injustiças da companhia e denunciá-los o mais cedo possível. O sucesso ficou evidente menos de um ano depois, quando um repórter visitou nossa usina Placerita, na Califórnia. "Todos dizem 'nós' por aqui. É muito diferente de outras empresas que visitei", comentou.

Conheci Terry Gould em minhas visitas a Beaver Valley. Havia vinte anos ele trabalhava na usina como auxiliar técnico, o que significava fazer um pouco de tudo, especialmente tarefas que não exigiam competência técnica muito desenvolvida e que os outros não tinham muito interesse em fazer. Provavelmente, foi meu melhor aprendiz de como revolucionar o ambiente de trabalho.

Terry e eu nos tornamos amigos. Corremos juntos na maratona dos Marine Corps, em Washington. As instalações de Beaver Valley pertenciam à AES há anos quando Terry foi eleito líder do sindicato por seus colegas da usina. Uma vez, em uma visita que fiz para participar de uma comemoração, ele me puxou para o lado.

– Dennis, por favor, não me apresente mais como o líder do sindicato. Eu não quero que ninguém saiba que existe um sindicato aqui.

Terry não desejava que os membros do sindicato fossem considerados diferentes; queria que todos os funcionários da usina merecessem confiança como pessoas de negócios que eram.

Alguns anos depois, liderou os esforços para permitir que os funcionários sindicalizados pudessem escolher o pagamento em salário cheio, da mesma forma que seus supervisores. Ele conseguiu incluir uma cláusula no contrato do sindicato permitindo que a empresa oferecesse um "pacote alternativo de pagamento". No prazo de dois anos, quase 70% dos funcionários sindicalizados escolheram o salário cheio. Foi um grande passo na transformação de trabalhadores em empreendedores, inclusive os que eram do sindicato.

Ao se aproximar da aposentadoria, ele me telefonou para dizer que antes de partir queria dar algo para a companhia (como se já não tivesse dado o suficiente). Estava pensando se alguém poderia usá-lo como uma espécie de embaixador, ou professor, numa das instalações que havíamos adquirido recentemente. Aceitamos a generosa oferta e pedimos que se unisse aos mil funcionários de nossa mina de carvão na Hungria. Durante quase um ano ele trabalhou a 450 metros abaixo do solo, ensinando aos membros do sindicato que eles eram valorizados e respeitados e poderiam se tornar empreendedores, assim como ele.

Terry desempenhou diversas outras tarefas de sucesso na empresa, trabalhando em regiões sindicalizadas com históricos particularmente problemáticos. Depois se aposentou. Ele será sempre um dos meus maiores heróis. Não consigo imaginar que exista outro líder sindical nos Estados Unidos que tenha feito tanto para tornar o ambiente de trabalho agradável para os membros dos sindicatos.

O papel dos trabalhadores

Dividir as pessoas em grupos de produção e de administração é moralmente insuportável. O ambiente profissional resultante é insatisfatório, mesmo que os dois grupos se dêem bem.

A maioria dos negócios que adquirimos pelo mundo afora era sindicalizada. Nossa forma de encarar os trabalhadores geralmente foi recebida com desconfiança, mas com o passar do tempo acabava sendo surpreendente e entusiasticamente aceita por todos, exceto alguns líderes sindicais. Quando adquirimos um conjunto de instalações hidrelétricas no Brasil, quase todas as pessoas que trabalhavam para a companhia eram sindicalizadas. Para demonstrar nossa confiança no pessoal e sinalizar o desejo de implantar uma abordagem radicalmente nova, enviamos uma equipe de funcionários sindicalizados para negociar um novo contrato com os líderes, sem a presença de alguém da "administração" ou representante legal.

Um confuso grupo de líderes sindicais e um fortalecido grupo de funcionários chegaram rapidamente a um acordo. Mais parecia o contrato pessoal que um gerente conseguiria! A quantia paga em dinheiro pela companhia era quase idêntica àquela que destináramos no modelo econômico desenvolvido para a aquisição do negócio.

Um medo típico é que a economia do empreendimento sofra, caso a administração não exerça severo controle sobre todos os aspectos da remuneração dos assalariados. É um temor injustificado. Na verdade, não consigo me lembrar de nenhuma ocorrência na AES em que os passos para criar um ambiente prazeroso de trabalho tenham, a longo prazo, apresentado efeito negativo sobre a economia da companhia.

Os outros benefícios para os funcionários e para a empresa também eram bastante positivos. As três usinas que compramos no sul da Califórnia no fim dos anos 1990 estavam sendo operadas sob acordos sindicais. Como a outra companhia possuía contrato para operar as instalações por dois anos, os membros do sindicato tiveram um período extra para escolher se desejavam trabalhar para a AES. Eles poderiam se transferir para outra instalação operada pelo atual empregador, aposentar-se com um gordo pacote rescisório ou encontrar emprego em outra empresa.

Pelo que sei, foi a única vez que tantas opções foram oferecidas a um grande grupo de trabalhadores sindicalizados. Os dirigentes da AES foram muito francos a respeito de como planejavam operar a usina. E sugerimos que eles conversassem com pessoas de outras unidades, para tentar compreender nossa filosofia e suas implicações.

O relatório foi preparado por membros de uma equipe do sindicato da Califórnia. Eles visitaram a AES de Shady Point, uma grande usina de Oklahoma que usava carvão como combustível. Joe Arias, o redator da carta, era trabalhador sindicalizado e um dos melhores operadores de salas de controle em Redondo Beach. Era um dos mais céticos a respeito da AES quando as usinas da Califórnia foram compradas. Ele escreveu:

> Se vocês estão esperando um relatório do fim do mundo, podem parar por aqui. O que encontrei foi uma experiência realmente boa. Deveríamos agradecer a Deus por nossa estação ter sido comprada pela AES e pela oportunidade de avançarmos em nossa carreira. Fomos tratados cordialmente em todos os lugares por onde passamos, e nossas acomodações e refeições foram de primeira classe.
>
> Na AES as pessoas são muito automotivadas e altamente dedicadas aos valores da companhia, que são: integridade, imparcialidade, gosto pelo trabalho e responsabilidade social. O trabalho em equipe e a

liderança pelo exemplo são características-chave. A maior parte dos que foram contratados pela AES teve de passar por um processo bem longo de entrevistas. Gostaria de dizer a alguns funcionários da Edison O&M que eles não devem pensar que vamos ser assimilados pela AES só porque trabalhamos em Redondo. Se você não tiver os valores nem espírito de equipe, não conhecer seu trabalho ou não souber fazê-lo sem alguém para tomar conta, a AES não precisa de você. É melhor começar a procurar outro emprego agora.

Falo por mim: estou mais do que pronto para uma mudança, para aprender mais a respeito da usina e de secções transversais. Estou ansioso pelo dia em que não terei mais de fazer o turno de outro porque ele está com dor de cabeça. Na AES nós vamos participar das avaliações dos companheiros de trabalho. Então, se você não é de colaborar, não faz bons turnos e tem maus hábitos de segurança, isso será identificado...

Nas usinas da AES eles não trabalham nem perto da quantidade de horas que trabalhamos e marcar as férias não é um problema. Como há gente altamente qualificada, existem muitas possibilidades de substituição. Eles não têm pessoas faltando tanto por doença como nós. Existe um sistema de plantão, mas é raro os plantonistas serem chamados.

Eu gostaria de agradecer à AES *[por]* ter me deixado ir nessa viagem de campo. Se não tivesse visto com meus próprios olhos não teria acreditado. Eu me sinto muito melhor com relação ao futuro e já estabeleci minhas metas para amanhã.

Uma das perguntas que me fazem com freqüência é até onde ir ao dar liberdade aos funcionários para tomarem decisões importantes. Não sei se existe uma resposta exata.

Meu colega Roger Naill e eu fomos juntos muitas vezes nas visitas a usinas da AES pelo mundo, especialmente para encontrar gente das unidades recentemente adquiridas. Os funcionários ouviam educadamente nossa "apresentação" a respeito da abordagem que a AES pretendia implantar no local. O fato de o negócio existir há vinte ou trinta anos, embora fosse novo para a AES, não ajudava muito. Quando chegava o momento das perguntas e comentários, invariavelmente ouvíamos: "Parece interessante, mas não vai funcionar aqui porque..."

A maioria das razões envolvia a história daquela instalação e sua localização. Ouvíamos: "Este é um país comunista", "Somos um país em desenvolvimento", "Já estamos nisso há tempo demais para mudar", "Nosos líderes nunca vão permitir que isso aconteça", "Essa usina é muito velha", "Não estamos nos Estados Unidos", "Existe um sindicato aqui", "Não podemos arcar com isso", "Já fazemos um bom trabalho" etc. Naill e eu trocávamos um sorriso. Já tínhamos aprendido que se fôssemos persistentes e conseguíssemos implantar o estilo AES de liderança os obstáculos sumiriam em três anos.

Em quase todos os lugares ouvíamos também que "as pessoas daqui não desejam isso de que vocês estão falando. A maioria não gosta de tomar decisões". A princípio, a objeção constituía um obstáculo. Afinal, a tomada de decisões era o cerne de toda nossa abordagem. Com o tempo percebi, no entanto, que geralmente esse tipo de comentário vinha de supervisores.

Nossa experiência mostra que algumas pessoas realmente resistem em aceitar a responsabilidade pela tomada de decisões. Algumas vezes, isso é conseqüência da falta de informação ou de experiência. Constatamos, porém, que aqueles mais relutantes raramente tiveram verdadeira liberdade para exercitar seus talentos naturais. Não lhes foi permitido raciocinar, decidir e assumir responsabilidades. A baixa auto-estima e a conseqüente falta de autoconfiança impedem que a pessoa assuma papéis de decisão.

Surpreendentemente, de modo bastante freqüente descubro que essas pessoas são completamente diferentes longe do trabalho. Em casa ou em atividades da comunidade não hesitam em tomar decisões que exigem capacidade de raciocínio e trazem conseqüências de vulto. Fica patente que não têm medo das decisões, mas a cultura do ambiente profissional as desencorajou por algum motivo.

Usualmente, a maneira mais proposta para superar a falta de disposição é "treinar" o funcionário. Creio que se aprende a tomar decisões quando isso acontece no local de trabalho e enquanto a pessoa está realmente desempenhando sua atividade. Em tal circunstância, os treinadores se tornam professores, mentores e amigos. É um processo de educação, ao contrário do treinamento vertical em sala de aula, que é apenas outra forma de controle que compromete a independência no ambiente profissional.

Estabelecer pré-requisitos arbitrários para uma função é uma forma terrível de decidir quando uma pessoa está pronta para assumir posição de responsabilidade. Muitas vezes, as organizações têm pré-requisitos escritos ou subentendidos para funções que envolvem decisões importantes. Os três primeiros gerentes de usina da AES, por exemplo, tinham formação universitária em engenharia. Eles se uniram em um "sindicato" e decidiram que, no futuro, todos os gerentes de usinas deveriam ter formação universitária na área de engenharia. Precisei de quatro ou cinco anos para derrubar essa barreira inútil.

Algo semelhante se deu após a queda das ações em 2001, quando um dos membros do conselho sugeriu a seguinte regra: ninguém poderia decidir assuntos comerciais importantes – a compra de uma usina, por exemplo –, a não ser que estivesse na companhia por pelo menos sete anos. Não pude deixar de lembrar como as mulheres, os negros e quem freqüentou escolas "erradas" também tinham sido excluídos dos processos decisórios ou de papéis de liderança que mereciam por tanto tempo...

Mesmo certos da utilidade de competências e experiências específicas para uma determinada função, precisamos ter o cuidado de não exigir sua comprovação. Não encontraremos as pessoas mais capazes instituindo pré-requisitos arbitrários ou inflexíveis. Pelo contrário, isso exclui alguns dos melhores candidatos.

É fascinante ver quantas vezes contratamos pessoas com histórico semelhante ao nosso. Em parte, isso se baseia nos relacionamentos que temos. Em outra, é porque acreditamos que, se aquilo foi bom para nós, será bom para todos os outros. Só que a estratégia de contratar clones é questionável e inapropriada quando queremos encontrar pessoas para funções diferentes das nossas.

Os dirigentes jamais conhecerão as competências, motivação, ambição e valores das pessoas o suficiente para determinar se elas estão prontas para tomar decisões. Conhecer seu histórico pode ser útil para ter uma idéia aproximada quanto ao potencial que oferecem, mas as informações mais importantes vêm dos próprios funcionários. Os indivíduos devem indicar que estão prontos pedindo para assumir um papel.

Bob Hemphill chamava isso de teste do "me escolha". O nome veio das brincadeiras em equipes feitas no pátio da escola, em que o capitão escolhe os colegas que formarão seu time. Algumas crianças ficam pulando com a mão para cima, gritando "me escolhe, me escolhe". Na verdade, elas estão dizendo: "Eu estou pronto. Eu quero ficar no seu time".

Nós e os outros

Há as pessoas que trabalham de forma coerente com nossas convicções a respeito da natureza humana. Mas o que fazer com os outros?

Na AES isso era um problema, mas nem de longe tão importante quanto se pode imaginar. Quando assumimos a velha estação de força em Monaca, Pensilvânia, estimo que menos de 20% dos empregados pareceram se adequar a nossas convicções. Poucos pareciam capazes ou dispostos a pensar criativamente e a tomar decisões. Poucos consideravam o trabalho algo além de um jeito de ganhar dinheiro para sustentar a família. Eles concentravam sua energia psicológica em atividades de casa, da igreja ou outras associações da comunidade.

Mudar a cultura em Beaver Valley levou mais tempo do que em outros lugares. Em cinco anos, entretanto, mais de 80% do nosso pessoal estava operando de forma consistente com a missão da AES. Ao final de dez anos, muitos começaram a se aposentar. Já não precisavam trabalhar por dinheiro. Ouvi com atenção as razões pelas quais estavam pedindo o afastamento e visitei a usina para anunciar que eu havia falhado. Não tinha conseguido mudar a concepção geral a respeito da natureza e do propósito do trabalho.

Durante um almoço coletivo o pessoal discordou veementemente da minha posição, mas não conseguiu me dissuadir. "Acredito que entre 5% e 15% das pessoas estão saindo pelas razões erradas", eu disse. "Elas estão se aposentando principalmente para sair daqui, mais do que para seguir em frente, para outra oportunidade estimulante". Elas nunca foram capazes de enxergar a grande contribuição que davam à sociedade. Não desfrutaram totalmente a alegria de usar suas habilidades, tomar decisões e assumir responsabilidades.

Para mim, a maioria desabrocha em um ambiente de liberdade no trabalho. Idade, sexo, histórico educacional, inclinações políticas, filiação sindical, cor ou grupo étnico, e até mesmo o quociente intelectual, tudo isso pouco afeta a possibilidade de alguém vir a amar e ser bem-sucedido em um ambiente assim.

Só que sempre existirão exceções. As mudanças assustam. Alguns temem não sobreviver ou ter um mau desempenho em ambientes diferentes. Outros se deixam abater pelos anos em que foram tratados como pouco mais do que máquinas – um "recurso humano". Alguns nunca se tornam totalmente adultos, pois se deixam intimidar pela responsabilidade e necessidade de prestar contas. Uns poucos possuem dificuldades emocionais ou comportamentais que acabam impedindo o desenvolvimento do seu potencial. Muitas dessas pessoas sentem-se desconfortáveis em um ambiente onde as realizações individuais e a satisfação são objetivos importantes, e freqüentemente se aposentam cedo ou procuram um emprego menos exigente.

Acho também que a atual ênfase na contratação das "pessoas certas" como meio de alcançar o sucesso tem sido supervalorizada. Das 40 mil pessoas que trabalharam para a AES, menos de 10% foram efetivamente contratadas pela companhia. O restante veio para nós por meio de nossas aquisições. Aprendi que o desempenho de um indivíduo na AES se dava mais em função do ambiente de trabalho do que em função do processo de seleção. Um ambiente de alegria ganha da seleção cuidadosa quando se trata de desempenho e satisfação pessoal.

Uma das questões fundamentais para um negócio está em quantas pessoas empregar. Grande parte dos dirigentes confia em um critério econômico. Infelizmente, isso geralmente resulta em uma luta de três frentes: entre os dirigentes que acreditam que ter mais funcionários aumenta as chances de sucesso, os peritos em finanças que tentam manter os custos baixos e as pessoas que precisam de emprego.

Na AES, descobri que um ambiente com menos pessoas é mais prazeroso. É fácil compreender quando se muda o paradigma de "o trabalho é penoso, difícil e uma coisa que eu preciso fazer" para "o trabalho é minha vocação, uma oportunidade para exercer meus dons, para fazer uma diferença positiva no mundo".

Depois que a AES proporcionou um ambiente de liberdade e se livrou dos peritos dos escritórios centrais, descobrimos que poderíamos dobrar a eficiência das novas unidades com metade do número original de funcionários. Nossas usinas a carvão nos Estados Unidos tinham de 30% a 40% menos trabalhadores do que a média da indústria. Para garantir as melhores chances e maximizar o gosto pelo trabalho, pressionei para que cada fábrica, mesmo as recém-construídas, reduzisse o nível de contratações em outros 15% ou 20%.

Ao visitar as instalações geradoras de eletricidade que a AES tinha adquirido na Índia, a primeira pergunta que ouvi dos nervosos empregados foi: "Nós vamos perder o emprego?". Sem muita diplomacia, respondi: "Sim, todas as pessoas daqui vão perder o emprego". Aquilo quase causou tumulto. Minha explicação – de que a perda do emprego significava passar a fazer algo diferente, e não que ficariam sem trabalho – acalmou um pouco os ânimos, mas não completamente.

A garantia de emprego é motivo para sérias preocupações em diversos negócios. Descobri que conversar a respeito da filosofia da AES era agradável para um grande número de trabalhadores, mas que esse prazer era comprometido pelo medo da perda do emprego. Para eles, significaria perder a capacidade de sustentar a família, perder a identidade, até mesmo perder amigos. Eles se preocupavam com o fracasso, com a vergonha, com o risco de não encontrar um novo papel no mundo.

Esse é um falso medo, que muitas vezes causa dor. Digo isso por acreditar que a busca por garantia de emprego é um objetivo ilusório e vazio. Essa convicção, não importa quão elegantemente seja apresentada, pouco ajuda a dissuadir as pessoas que se agarram desesperadamente a seus empregos. Sempre há um conflito poderoso entre o desejo do funcionário por segurança e meu objetivo de maximizar a alegria, a liberdade e o sucesso no ambiente profissional.

Em sociedades de todo o mundo é muito popular argumentar que deveríamos fazer de tudo para manter as pessoas empregadas. Acho o contrário. E explico:

- No mundo dinâmico em que vivemos, cada negócio está, ou deveria estar, em constante estado de mudança. Alguns mudam mais depressa que outros. Cada um de nós deve continuar mantendo o trabalho adequado às mudanças de tecnologia, operações e regulamentação.
- Cada indivíduo muda constantemente. Ganhamos novos conhecimentos e competências, e desenvolvemos novos interesses e objetivos. Essas mudanças tornam imperativo que procuremos empregos diferentes, que ofereçam desafios adequados ao nosso crescimento pessoal.

- Na AES encorajei as pessoas a ampliarem suas responsabilidades, a se educarem em novas áreas, a buscarem oportunidades para tomar decisões importantes, a praticarem a autodisciplina e a responsabilidade e a aprenderem com os peritos, de maneira que todos pudessem ser parte de equipes multidisciplinares. Assim, mesmo que trabalhassem para a mesma organização por muitos anos, suas funções continuariam a mudar.
- É contraproducente permitir que as pessoas permaneçam em funções em que não são necessárias. Uma única pessoa a mais reduz a quantidade de responsabilidade disponível, dificultando o uso dos talentos e competências.
- Não interessa conservar um funcionário excedente. Isso significa privar o resto da sociedade dos talentos dessa pessoa, cujas criatividade e energia poderiam ser valiosas em outro emprego.
- Manter pessoas demais em uma organização eleva os custos operacionais além do necessário. A empresa sobe os preços ao consumidor, paga menos impostos aos governos, torna-se de maior risco para os bancos, reduz os lucros dos acionistas e diminui os aumentos salariais. As conseqüências são injustas para os parceiros e para a sociedade.

O tamanho ideal para a força de trabalho é igual ao número de pessoas necessárias para que o trabalho seja prazeroso. Quando "cada um é empreendedor", o número de gente necessária diminui dramaticamente. Quando os controladores, os supervisores de turno e os departamentos administrativos são eliminados, os funcionários que ficam aproveitam muito mais – e o aspecto econômico do negócio melhora drasticamente.

Essa minha convicção não implica acreditar que alguns devam receber o bilhete azul e ser postos porta afora. Os funcionários que saem precisam de um tempo para a transição rumo a um novo trabalho. As organizações devem ser generosas com os acordos de rescisão. Nós encontramos excesso de pessoal em quase todas as aquisições que realizamos, e uma das primeiras coisas que fazíamos era oferecer um generoso programa de demissão voluntária. Apenas raramente pedíamos que um indivíduo saísse.

No Panamá a AES criou um fundo de empréstimos para os funcionários que aderiram ao pacote de demissão. Em um ano, 71 novos negócios tinham sido criados por aqueles antigos empregados com a utilização do fundo de empréstimos.

Creio firmemente que essas difíceis transições são um mal necessário, que força os trabalhadores e as organizações a se adequarem a um mundo dinâmico. Parte da alegria do trabalho está em aprender novos papéis e assumir novas responsabilidades. A garantia de emprego é uma bela embalagem, mas raramente existe alguma coisa de valor dentro dela. O gosto pelo trabalho está em usar nossas habilidades para encontrar novos desafios.

Erros e acertos

Várias vezes ouvi a pergunta: "Vocês não correm um sério risco de que sejam cometidos grandes enganos?".

Não tenho nenhuma evidência de que uma organização como a nossa enfrente mais erros do que aquelas que usam uma administração central e controles financeiros tradicionais. Também nunca encontrei evidências convincentes de que as organizações com mentalidade controladora apresentam desempenho econômico melhor, a longo prazo.

Ao contrário, as pesquisas mais recentes concluem justamente o oposto. Os mais destacados analistas de negócios sugerem que uma abordagem descentralizadora apresenta probabilidades mais altas de sucesso econômico. Mais importante que isso, conduz à criação de um ambiente de trabalho radicalmente mais prazeroso e gratificante. Ainda assim, boa parte das grandes organizações continua a seguir regras administrativas da época da Revolução Industrial. Ou ignora que existe um jeito melhor ou não está disposta a tentar. Isso causa um efeito negativo para as economias ao redor do mundo e é trágico para os trabalhadores de todos os lugares.

Como uma organização onde tantos tomam decisões pode garantir que todos estejam buscando as mesmas metas com imparcialidade e justiça? A chave é a coerência, desde que não seja imposta. Minha experiência me diz que é possível "assobiar e chupar cana ao mesmo tempo", desde que disseminemos as informações por toda a companhia e nos certifiquemos de que todos terão oportunidade para oferecer aconselhamento.

Mesmo sendo verdade que as empresas têm mais chance de alcançar o sucesso financeiro quando estabelecem um ambiente de gosto pelo trabalho, sempre tentei evitar a impressão de que queríamos apenas ganhar dinheiro. Se nossos valores fossem simplesmente um meio para alcançar determinado fim, perderiam seu significado e sua importância. Nosso pessoal teria todas as razões para ser cínico.

Ao longo dos anos, tenho destacado três argumentos para sustentar o meu ponto de vista. Primeiro, que viver de acordo com princípios e valores compartilhados não cria uma "grande" companhia nem leva automaticamente ao sucesso financeiro. Mesmo que a adoção de certos princípios dê à empresa maiores chances para alcançá-lo, esse seria um objetivo sem sentido, já que levaria muito tempo até os resultados aparecerem. Além disso, são muitas as exceções. Um artigo da *Harvard Business Review* intitulado "It Doesn't Pay to Do Good" [Fazer o bem não vale a pena] encontrou pouca relação entre "bondade" e desempenho econômico. Será que isso nega a grandeza do empreendimento?

Segundo, associar valores e princípios ao sucesso econômico provavelmente levará a eventuais rejeições pelos membros do conselho e outros dirigentes. Se a companhia associa seus valores a altos lucros e altos preços para as ações, logicamente os rejeitará quando os preços das ações e os lucros caírem. Como todas as empresas passam por flutuações financeiras, tal lógica exigiria adaptação de valores e princípios em situações de revés.

Finalmente, a associação dos princípios à linha de base deprecia a companhia aos olhos dos funcionários. Nosso esforço para criar um ambiente de gosto pelo trabalho foi construído com confiança e respeito por todas as pessoas da AES. Esse apreço foi baseado no quem elas realmente são, não naquilo que podem fazer pela organização.

É mais fácil compreender esse fenômeno nas relações pessoais mais próximas. Imagine que eu diga a meu filho que o amo incondicionalmente por ele ser como é, mas na verdade sinta-me próximo a ele principalmente porque seu sucesso nos esportes ou suas destacadas conquistas acadêmicas me garantem *status* entre os amigos. Minha motivação estaria baseada em uma hipocrisia que inevitavelmente destruiria nosso relacionamento.

Temo que muitos presidentes sejam culpados por esse tipo de hipocrisia quando impõem a última "técnica administrativa" a seu pessoal. Sabemos que o aumento dos lucros ou do preço das ações não estimula lealdade, produtividade, iniciativa, criatividade nem disciplina entre os funcionários. Mas a coerência a respeito dos nossos objetivos e motivos pode ser difícil quando nos dirigimos a vários parceiros.

Ação e intenção

Quando uma companhia enfrenta uma emergência que exige resposta rápida e coordenada, é difícil operar respeitando os princípios que sustentam um ambiente profissional agradável. Pode até não ser apropriado. Geralmente, nem há tempo suficiente para conseguir o aconselhamento de pessoas de diversos pontos da organização. Até a administração participativa, em que os subordinados dão sugestões a seus chefes antes das decisões, pode sofrer um curto-circuito quando o tempo urge.

Ao pensar em emergências, visualizo um esquadrão indo para a batalha. Sob fogo inimigo, os soldados só conseguem agir com eficiência seguindo as ordens de seus comandantes. Funcionários não foram feitos para seguir cegamente as instruções dos executivos. Entretanto, em algumas circunstâncias não há alternativa. A ameaça é tão iminente e vultuosa que abordagens de exceção são permitidas.

Se a organização sobreviver à emergência, a suspensão provisória do colegiado e a descentralização das decisões – estandartes de um ambiente de trabalho com alegria – não precisam resultar em dano permanente. Para minimizarem o dano potencial de uma mudança para administração de emergência, os dirigentes devem tomar duas importantes medidas.

Primeiro, é necessário assegurar às pessoas da organização que a suspensão é temporária e que os procedimentos normais serão restabelecidos assim que possível.

Segundo, deve-se escolher um líder que não seja algum importante gerente de linha ou mesmo um candidato óbvio para liderança futura. As competências necessárias a um administrador emergencial são muito diferentes daquelas exigidas de um líder servil encarregado de garantir prazer no trabalho.

A maioria das organizações atravessa momentos de crise. Quase nada do necessário para a abordagem da administração durante uma emergência se aplica às necessidades de longo prazo de uma companhia que enfatiza a descentralização, a camaradagem e a prestação de serviços. A emoção e o gosto pelo trabalho podem aumentar temporariamente durante uma crise, mas desaparecerão se a centralização que se fez necessária continuar por muito tempo.

Também já ouvi: "Que direito você tem de impor essa abordagem a outras culturas?". Creio que essa pergunta deriva da moda acadêmica de considerar iguais todos os valores e avaliar uma sociedade apenas com base em suas próprias crenças. Considera-se moralmente imperialista alegar que determinado conjunto de valores é melhor ou mais correto. No passado, as pessoas podiam argumentar com espírito de tolerância a respeito da superioridade de uma cultura ou crença sobre outra, mas a "nova tolerância" exige reconhecer que a perspectiva do outro tem tanto mérito quanto a sua e que ninguém tem o direito de reclamar primazia para sua cultura e seus valores.

Não agüento a nova tolerância. É piegas. Estou convencido de que os princípios básicos – integridade, justiça e liberdade no trabalho, por exemplo – se aplicam a todos as culturas e a todas as organizações. Não são valores "norte-americanos", "brasileiros" ou "ocidentais". Dizer que os valores direcionam a vida de um indivíduo ou organização não é suficiente. Estou convicto de que existe a verdade com "V" maiúsculo. A escolha é o que conta.

Minha crença em valores transcendentes não ajuda a superar a dificuldade de aplicá-los em situações diferentes. É necessário ser sensível às diferenças de linguagem, herança e educação. Devemos mostrar humildade quando pregamos nossos valores, tanto em casa quanto no exterior. Temos não apenas o direito, mas a obrigação de levar nossos princípios básicos para além das fronteiras.

Não estou falando de materialismo. Refiro-me a padrões éticos, que são questionados com mais freqüência por norte-americanos e europeus do que por povos de outras partes do mundo. "Estes são os valores do Islã", era um refrão familiar repetido no Paquistão a respeito dos princípios da AES. "Isso é o que nos ensinaram em casa", ouvia-se com freqüência em outros locais.

O professor Jeffrey Pfeffer, da Universidade de Standford, apresentou o caso AES em uma aula para alunos avançados de administração. A questão do imperialismo cultural e do direito de impor valores foi levantada. Após um acalorado debate, um estudante negro da África do Sul acabou com a discussão quando disse: "Estes valores eram nossos antes que vocês chegassem ao nosso país".

Outra ameaça ao gosto pelo trabalho são as operações que exigem turnos, uma realidade que muitas empresas enfrentam todos os dias. Esses trabalhadores se sentem tão distanciados e desencorajados que começam a desejar a aposentadoria ainda na casa dos 20 anos, quase tão logo começam a trabalhar.

Nunca consegui descobrir como eliminar os problemas apresentados pelo trabalho em turnos. Os seres humanos foram feitos para trabalhar durante o dia e dormir à noite. Não é fácil reprogramar seu relógio biológico. Nossos piores resultados quase sempre vieram do pessoal dos turnos. Trabalhar à noite causava os problemas mais sérios, mas trabalhar uma semana durante o dia, na outra semana no turno da noite e em seguida uma semana no "cemitério" (das 22 às 6) era igualmente problemático.

Assim como a maioria dos assuntos que envolvem o ambiente de trabalho, a solução depende das prioridades da empresa. Se os lucros forem o principal objetivo, o problema receberá tratamento diferente daquele usado se os trabalhadores forem a prioridade. Caso os funcionários e os acionistas recebam consideração igual, ainda outra abordagem será usada.

Na AES, experimentamos várias idéias para minimizar o problema. Primeiro, a maior parte das cerca de 150 usinas reduziu o número de turnos de três para dois e ampliou o tempo médio de oito para doze horas. Em quase todos os casos, a decisão foi tomada pelas pessoas que trabalhavam nos turnos, e não pelos dirigentes das usinas.

Segundo, diminuímos o número de pessoas que precisavam ficar na usina à noite. Instalações automatizadas modernas podem com freqüência ser controladas e mantidas por menos gente à noite do que seria prudente em um período de 24 horas, 365 dias por ano.

Nos últimos dez anos a AES reduziu pela metade o número médio de funcionários nos turnos da noite. Durante esse período, a disponibilidade da usina, ou o tempo médio durante o qual permanecia disponível para a produção de eletricidade, aumentou apreciavelmente. Em diversas unidades o turno da noite é composto de apenas duas pessoas.

Terceiro, encorajamos as pessoas a aprenderem toda a gama de competências necessárias para manter a usina operando durante a noite. Gerentes, peritos em manutenção e funcionários administrativos deveriam, todos, tentar adquirir tais competências. Quando os funcionários são versáteis, pode-se projetar um cronograma que exija de cada um poucas semanas por ano no turno da noite.

Finalmente, existem pessoas que preferem trabalhar à noite. Pode-se permitir que assumam uma parcela maior de turnos noturnos ou trabalhem exclusivamente nesse período. Isso libera ainda mais o turno do dia para os outros.

Aos 10 anos aprendi que quando o rio subia até a marca da última grande enchente não importava quão bem a casa tinha sido construída.

9

MUITO ALÉM DA CRISE

Após a dramática queda no preço das ações, em 1992, eu iniciei uma campanha. Meu objetivo era convencer os dirigentes da AES, especialmente os membros do conselho, de que existiam definições de sucesso mais abrangentes e melhores do que um relatório de Wall Street. Usei todas as oportunidades para construir uma argumentação provando que zeladoria, serviços, princípios e sustentabilidade econômica eram os verdadeiros alicerces da companhia. Estava convencido de que o preço das ações da AES era um indicador inadequado de nosso sucesso geral, inclusive de nosso desempenho econômico.

Quase todas as vezes em que tive oportunidade para falar dentro e fora da companhia, tentei explicar o que era necessário para torná-la comprometida, prazerosa e bem-sucedida. Usei minha carta no relatório anual, e as reuniões com investidores, fiz telefonemas para pessoas da AES de todo o mundo, visitas às unidades da AES e sessões internas de avaliação para comunicar essa mesma mensagem. Em muitos daqueles cenários havia membros do conselho presentes. Quando, porém, as ações despencaram novamente no outono de 2001, eu soube que havia falhado. Meus esforços para mudar a forma de pensar de meus colegas do conselho haviam sido infrutíferos.

Em 2000, o preço das ações da AES bateu o recorde de 70 dólares, superando o movimento de elevação dos índices das bolsas de valores. Então, veio uma queda para 26 dólares em setembro de 2001, mas ninguém entrou em pânico, já que o nível anterior era meio ilusório, e a curva descendente acompanhava a tendência do mercado. Mas quando o preço caiu para 12 dólares o conselho se alarmou.

Em poucas semanas, a Enron e todas as companhias não-regulamentadas envolvidas com o ramo de eletricidade também haviam sofrido grandes quedas. Em dezembro, a Enron declarou falência. Ao final de fevereiro, o preço das ações da AES havia caído abaixo dos 5 dólares. O mercado temia que nós e outras companhias do setor também sucumbissem à falência.

A reação do conselho da AES foi igual à de 1992, só que em maior magnitude. As emoções mais evidentes eram o medo e a perda de confiança. Alguns diretores estavam preocupados com as conseqüências financeiras, pois tinham grande parte da fortuna pessoal comprometida com as ações da AES. Outros estavam preocupados com sua reputação como líderes comerciais. Muitos pensavam em sua credibilidade legal como diretores e administradores.

Contratamos um exército de advogados e consultores para nos proteger e mostrar que suas opiniões independentes validavam as atitudes dos diretores. O conselho solicitou uma reorganização decisiva na companhia. As decisões importantes foram centralizadas. A maioria dos líderes, ao mesmo tempo em que apoiava verbalmente os valores compartilhados da organização, propôs novas definições para tais princípios e novas formas para sua implementação. Diversos colegas do conselho sugeriram que a principal causa para os problemas da companhia era a ênfase à criação de um ambiente profissional prazeroso.

Era dolorosamente evidente que alguns dos conselheiros e dirigentes haviam apoiado nossos valores porque com eles tínhamos "ganhado", em termos de crescimento e preço para as ações. Então, quando o preço caiu, a culpa foi atribuída aos valores e à filosofia de descentralização. A pressão para que voltássemos a uma estrutura administrativa verticalizada aumentou.

Muitas daquelas reações eram compreensíveis e talvez até inevitáveis. Mas eu achava que estavam diretamente relacionadas à minha inabilidade para persuadir meus colegas de conselho de que estávamos no caminho certo. Eles nunca haviam adotado totalmente minha convicção de que um negócio tem obrigações, para com a sociedade e com os vários parceiros.

Meu fracasso na conquista dos corações e mentes dos membros do conselho não estava óbvio para as pessoas de fora da companhia. Ao longo dos anos, o apoio dos conselheiros à abordagem da organização fora citado em revistas de circulação nacional. Quase todos tinham participado das sessões "Pergunte ao Conselho" em nossas reuniões anuais com os investidores. Demonstravam paixão e eram bem articulados no apoio à estrutura decisória "de cabeça para baixo" que existia na AES. Alguns chegaram a assumir responsabilidade pessoal pela adoção de abordagens mais radicais. "A AES é um lugar especial", foi o refrão que ouvi, tanto em cenários públicos quanto privados.

Quase todos os conselheiros já tinham viajado comigo ou com outros dirigentes, em visitas a unidades ao redor do mundo. Estiveram presentes a reuniões com o governador do Cazaquistão e com o presidente da República da Geórgia. Viram em primeira mão o desespero dos trabalhadores da Hungria e da Argentina quando adquirimos unidades naqueles países. Também participaram da alegria que tomou conta do ambiente de trabalho apenas dois ou três anos após termos assumido companhias de administração tradicional. A maioria dos observadores concluiria que os membros do conselho da AES conheciam e apoiavam a abordagem da organização. Afinal, muitos pareciam genuínos embaixadores de nossa forma única de fazer negócios.

Porém não fiquei surpreso com a reação dos conselheiros e de alguns poucos dirigentes à grande queda das ações ocorrida em setembro de 2001.

Eu previra, para colegas e estudantes de administração, que tudo mudaria quando os preços das ações caíssem acentuadamente. Cheguei a prever que a atitude de 1992 se repetiria. Por ter tido aquela experiência, supunha que um grande número de membros do conselho adorava a abordagem da AES, principalmente por acreditar que ela empurrava os preços para cima, e não por ser a forma "correta" de operar uma organização.

Tive várias indicações de que minha campanha para conquistar os colegas do conselho fora ineficaz. Um conselheiro sênior me disse várias vezes, em particular, que não apreciava minha definição de natureza "absoluta" para nossos valores compartilhados. "Você é muito dogmático, especialmente com essas coisas religiosas. É preciso ser mais flexível e pragmático", afirmava. Mesmo quando os membros do conselho ainda diziam aos acionistas que adoravam "abdicar do poder", eu podia ver que achavam mais difícil aconselhar do que tomar as decisões. Freqüentemente, o conselho sugeria que eu diminuísse o tom na "retórica", especialmente na carta anual da companhia e nas reuniões com os acionistas.

Não sei se não consegui convencer aquelas pessoas pela incapacidade de fazer com que compreendessem minha filosofia ou por não ter tido competência para fazê-los acreditar em seus méritos. No fim, não tinha mesmo importância. Os resultados foram os mesmos.

A dura verdade era que eu falhei como líder: não pude inspirá-los a me seguir quando as coisas ficaram difíceis.

Os quatro erros

Acredito que foram quatro os principais erros que levaram aos problemas financeiros de 2002 e 2003.

Cometemos o primeiro grande erro no início dos anos 1990, quando abandonamos nosso teto para investimentos em outros mercados. Anteriormente, nós nos restringíamos a 10% do fluxo de caixa e capital investido. Esse limite, que originalmente tinha sido de 5%, destinava-se a assegurar que não faríamos investimentos excessivos na América do Sul, no Paquistão ou em outras regiões em desenvolvimento. Cheguei mesmo a sugerir que deveríamos aplicar no mundo desenvolvido também, até mesmo nos Estados Unidos. Mas quando as oportunidades de negócios começaram a surgir em nosso caminho, na segunda metade da década, abandonamos aqueles limites.

A decisão de abandonar os limites auto-impostos não foi tomada sem consideráveis discussões nos níveis mais altos da companhia e com contribuições substanciais dos grandes investidores. Aproveitei cada reunião, em Nova York e outros locais, para questionar se deveríamos aproveitar as novas oportunidades promissoras ou ficar dentro de nossos limites e deixá-las passar. Investidores, membros do conselho e dirigentes foram quase unanimemente a favor de aproveitarmos as oportunidades na Argentina, no Brasil, na Venezuela, na Califórnia, na Inglaterra e em quase todos os lugares onde pudessem surgir, mesmo que significasse uma quebra dos limites internamente arbitrados.

Analisando *a posteriori*, aquele foi um ato de arrogância. Subjacente ao limite estava a convicção de que nossa companhia, mesmo sendo diligente e prudente, estava sujeita a cometer enganos. A diversificação imposta pelos limites era uma boa forma de nos protegermos contra decisões errôneas. Limitar os investimentos e o fluxo de caixa em determinados mercados diminuiria nosso potencial econômico de concorrência, mas também teria reduzido dramaticamente as perdas e os cancelamentos de ativos que vieram mais tarde.

Nosso segundo erro surgiu da filosofia de financiamento que seguimos por quase toda a nossa história: "Ser devedor é mais barato".

Eu enfatizava a idéia de maximizar débitos, em lugar de diluir as cotas de capital da empresa vendendo mais no mercado de ações. Mas, após 1991, as instituições financeiras não mais permitiram financiar instalações como "projetos", contabilizando 100% como débito. Para financiar novas usinas e novas aquisições, a companhia precisou investir em participações de acionistas. Como ainda trabalhávamos com a convicção de que "ser devedor é mais barato", muitas vezes financiamos nosso investimento de capital nesses novos negócios com débitos lançados nos livros da empresa-mãe AES.

No momento em que a crise financeira de 2002 barrou efetivamente a obtenção de novos créditos para empresas fora da categoria de investimento, a AES tinha mais de 6 bilhões de dólares em débitos investidos em negócios por todo o mundo. A companhia-mãe, e não as subsidiárias, era a responsável pela restituição daquele dinheiro.

Uma estratégia financeira muito mais inteligente teria sido vender ações da AES com mais assiduidade e em quantidades maiores do que nos anos 1990. Poderíamos ter usado os fundos para realizar os investimentos necessários aos projetos e para reduzir o montante do débito nos livros da companhia-mãe. Mesmo uma redução de 2 bilhões dos 6 bilhões de dólares teria servido para uma transição mais fácil durante o período de falta de liquidez que aconteceu mais tarde, causada principalmente pelo colapso da Enron.

Nosso terceiro erro pode ter sua origem traçada em nosso humilde começo. Quando a AES nasceu, em 1982, tínhamos muitas idéias e nenhum dinheiro. Por não ser uma empresa de capital aberto, era difícil levantar participações de acionistas. Antes que algum banco nos desse dinheiro para construir ou comprar uma usina, precisaríamos ter uma série de contratos com companhias estabelecidas.

No fim dos anos 1990 as companhias de eletricidade nos Estados Unidos, Reino Unido e outros países começaram a construir ou comprar instalações sem contratos de longo prazo. As assim chamadas usinas comerciais planejavam vender no mercado aberto em base-dia, ou em prazos ligeiramente maiores. A AES resistiu a essa abordagem por diversos anos e nunca chegou a fazer dela uma parte importante de sua estratégia. No entanto, a companhia comprou ou construiu dezenas dessas unidades, a maior das quais foi a Drax, uma instalação de 4 mil megawatts no Norte da Inglaterra.

A abordagem que adotamos era falha. Investimos dinheiro demais construindo ou adquirindo aquelas instalações comerciais devido às incertezas de preço e volume de eletricidade que poderiam vender a longo prazo. O problema foi exacerbado pelo excesso de capacidade geradora que se desenvolveu nos Estados Unidos e na Inglaterra. A superoferta fez com que os preços da eletricidade caíssem consideravelmente.

Nosso último erro foi dar ênfase demais ao fomento de novos negócios. Minha paixão por oferecer ao mundo eletricidade limpa, segura e confiável fez com que me dispusesse a apoiar maneiras novas e criativas para alcançar esse objetivo. Da mesma forma, outras pessoas na organização, e também membros do conselho, se enamoraram pela idéia de fazer boas coisas ao redor do mundo. Esse desejo acentuou os efeitos dos três enganos acima, e sem dúvida diminuiu nosso foco na sustentabilidade financeira das oportunidades propostas para novos negócios.

No meio do vendaval

A crítica mais freqüente que se faz à AES é de ter sido descentralizada demais, mas não existem evidências convincentes para apoiar esse julgamento. As pessoas mais graduadas da empresa foram os principais responsáveis por dois de nossos quatro maiores erros. As pessoas sem cargos de direção quase não tiveram responsabilidade por termos ignorado os limites de mercado ou usado centralização de débitos em vez de emitir títulos. Finalmente, grande parte das outras companhias em nosso ramo tinha estrutura administrativa verticalizada muito mais tradicional e mesmo assim cometeu tantos erros quanto a AES; a maioria cometeu até mais.

Mesmo olhando pela doce perspectiva dos bons tempos, faltam provas de que os melhores e mais brilhantes tenham cometido menos erros do que aqueles que mais tarde participaram do nosso sistema colegiado. Nossos três primeiros empreendimentos foram desenvolvidos por pessoas de Harvard e Yale. Tínhamos os bancos e os consultores mais fortes que o dinheiro podia comprar. Mesmo assim, foram fracassos financeiros. Nenhum deles chegou sequer perto da projeção econômica esperada. O primeiro perdeu 20 milhões de dólares por ano; o segundo realizou, nos dez primeiros anos, menos da metade do que fora estimado, e o terceiro fechou no vermelho após dez anos.

Membros da diretoria, inclusive eu, oferecemos aconselhamento para todas as decisões-chave e assinamos efetivamente cada um dos nossos erros. Atribuir os problemas à descentralização ou alegar que as pessoas de níveis mais baixos não eram suficientemente disciplinadas ou não podiam prestar contas não convence. Culpar os sistemas descentralizados não é senão um modo conveniente de livrar os executivos de sua responsabilidade. É vital que se compreenda isso, porque o diagnóstico equivocado resultou, para os funcionários de níveis inferiores, em perda de oportunidade para oferecerem sugestões, tomarem decisões e assumirem responsabilidade.

Um ambiente de trabalho satisfatório e prazeroso não levou os indivíduos a cometerem os erros comerciais que prejudicaram a companhia. Por outro lado, não evitou que a empresa cometesse enganos. Mas nos ajudou a evitar alguns dos sérios erros que vitimaram nosso ramo industrial.

Aos dez anos aprendi que quando o rio subia até a marca da última grande enchente não importava quão bem a casa tinha sido construída. Não importava se eu tinha feito minhas tarefas escolares, se os valores familiares eram sólidos e se meu pai estava em casa ou trabalhando no Alasca. Não importava se eu era inteligente ou se meu irmão menor era um bom atleta. Se a casa estivesse próxima ao rio, seria danificada pela torrente. A AES e todas as outras empresas de energia foram atingidas por uma série de eventos tão poderosos – e tão inevitáveis – quanto a enchente que engoliu a casa da minha infância.

Humildade foi a lição mais importante. Existem muitos aspectos da vida de uma organização que não podem ser controlados. Não importa quantas pessoas inteligentes você contrata, quantos consultores e peritos dão assessoria ou quanto é minucioso o seu sistema de informações administrativas, muitas das principais ações que afetam o desempenho da organização estarão além de sua capacidade de controle ou mesmo de influência significativa.

A queda das ações foi devastadora para muitas pessoas. Sei de parentes meus que perderam todas as economias que fizeram para a aposentadoria, que tinham sido investidas em títulos da AES. Dois membros da família foram obrigados a vender a casa e alugar apartamentos. Milhares de investidores individuais sofreram dolorosas perdas econômicas. Funcionários da AES, especialmente aqueles que estavam com a companhia havia dez anos ou mais, tiveram seus investimentos reduzidos a uma pequena fração do que tinha sido antes da queda dos preços. Não consigo dizer quanto me senti mal a respeito das conseqüências econômicas para as pessoas que confiaram em mim e na AES. A responsabilidade que sinto pelas perdas de economias de tantos me acompanhará enquanto eu viver.

Devido ao colapso da Enron e aos delitos de seus principais executivos e de outras grandes empresas, o Congresso, o poder executivo e as organizações normativas sentiram-se pressionados a estabelecer uma série de novas regras para a administração das corporações. Só que as novas regras e procedimentos não vão melhorar a qualidade das informações disponibilizadas ao público nem reduzirão as fraudes. Apenas trarão advogados e contadores para o centro da vida da corporação e aumentarão substancialmente os custos dos produtos e serviços para todos os consumidores.

A mudança

Em um domingo à noite, pouco depois da queda das ações em outubro de 2001, recebi um telefonema urgente de um dos membros do conselho da AES. Eu o considerava um amigo leal. "Preciso falar com você imediatamente", disse em um tom que não reconheci. Uma hora depois ele chegou à minha casa.

– Acho que você deve trazer o Roger [Sant] de volta para a companhia.

– Por quê? – perguntei. – Ele não se envolve com operações do dia-a-dia há seis anos.

– Estamos com um *grande* problema, e você precisa de toda a ajuda que puder conseguir – ele respondeu de um jeito obviamente perturbado e desconfortável.

– Não vejo problema em conseguir a ajuda do Roger, se ele estiver disposto. Obrigado pela sugestão.

– Não é isso que eu estou querendo dizer, Dennis. Você *precisa* dar um papel maior para o Roger.

Por fim, ficou claro o que estava realmente sendo dito. Ele queria que eu me afastasse do papel de presidente.

Foi o primeiro sinal de que meu papel na AES estava em grande perigo. Mais ou menos uma semana depois, o conselho se reuniu em uma sessão executiva sem a minha presença. Instigados por uma minoria forte, alguns lutaram para fazer mudanças que fossem bem recebidas pela comunidade financeira, sem causar revolta entre o grande número de pessoas, em todos os níveis da companhia, que eram leais a mim e à nossa abordagem.

Eles firmaram um compromisso que me conservava como presidente apenas nominalmente. Trouxeram Roger de volta em tempo integral e fizeram uma lista de "instruções" que eu deveria seguir para sobreviver. Fiquei zangado, e só aceitei ficar após três dias de reflexão, inúmeras discussões com meu pessoal administrativo, alguns ajustes nas especificações do memorando de entendimento esboçado pelo conselho e longas conversas com Roger.

Ele havia sido colocado em uma posição bastante desconfortável. Por respeito e amizade, não desejava fazer nada que fosse injusto ou que pudesse me desagradar. Por outro lado, poucos meses antes havia me confidenciado que estava entediado por não ter um papel ativo em uma organização como aquela da qual era co-fundador. A queda no preço das ações e as reclamações de diversos investidores importantes também pesavam muito a seu favor. A maioria dos conselheiros se sentia confortável com Roger e desejava desesperadamente sua volta. Mesmo relutante, ele estava convencido de que poderia ajudar a companhia a superar os tempos difíceis.

A atitude do conselho iniciou um período de nove meses de inferno. Eu não era mel nem cabaça. Era como se a companhia não tivesse um presidente. Nem Roger nem eu nos sentíamos confortáveis para assumir o papel de liderança que se fazia necessário naquele momento.

Quase todos os meses uma minoria do conselho organizava uma reunião informal privada, para a qual eu não era convidado, e sugeria que eu fosse substituído. Nunca pude entender completamente por que é que eles me queriam fora, e nenhum deles falava diretamente comigo a respeito do que os incomodava. Será que achavam que eu causara os problemas e devia responder por eles? Será que não confiavam em minha capacidade para conduzir a empresa na solução dos problemas? Será que se opunham a minha filosofia de negócios e minha ênfase quanto aos valores? Ou acreditavam que a companhia precisava de um sacrifício humano antes de poder se renovar para o mercado?

Houve um acordo geral entre a maioria dos conselheiros quanto à necessidade de novos membros substituírem os que tinham um envolvimento de dez ou vinte anos com o conselho. Trabalhei diligentemente com o comitê de nomeação, na esperança de sobreviver até que o novo grupo fosse eleito. Havia meses o preço das ações não se alterava, e os temores quanto à capacidade de sobrevivência da companhia cresciam constantemente.

No fim de abril e início de maio de 2002, diversos membros-chave do conselho pareceram me abandonar. Ninguém me disse uma palavra, mas eu podia sentir a mudança. As reuniões se desenrolavam como se eu não existisse. Parecia que meu único papel era manter as pessoas da AES no resto do mundo informadas quanto à situação da companhia e encorajá-las a continuar desempenhando suas funções no melhor nível possível durante aqueles tempos difíceis.

Alguns membros do conselho se sentiam desconfortáveis quando eu falava sobre consideração, confiança e satisfação das necessidades dos parceiros, mas foram tolerantes enquanto os preços das ações se mantiveram altos. Quando os preços caíram, alteraram a definição dos valores compartilhados da AES. Nas reuniões fechadas, nosso propósito de "atender às necessidades mundiais de eletricidade de forma economicamente sustentável" mudou para "agregar valor para os acionistas". Alguns sugeriram que o gosto pelo trabalho fosse totalmente eliminado dos valores compartilhados, ou que ele passasse a ser sinônimo para "ganhos".

Roger e eu discordávamos em assuntos filosóficos centrais, o que tornou difícil nosso trabalho em conjunto. Eu acreditava que nossos princípios transcendiam o tempo e as circunstâncias; ele acreditava que os valores compartilhados, como definidos nos últimos oito ou dez anos, poderiam e deveriam ser alterados com o passar do tempo.

Eu acreditava que aqueles ideais eram difíceis de compreender e de seguir, mas que mesmo assim deveriam permanecer imutáveis para nossa vida empresarial, pessoal e espiritual; ele acreditava que eram flexíveis e poderiam ser mudados se não estivessem servindo aos objetivos da companhia. Nesse caso, o objetivo era o sucesso financeiro.

No fim de maio, falei da minha intenção de pedir a aposentadoria para romper o crescente impasse de liderança com Roger e com o conselho. Seis ou sete conselheiros insistiram que eu não fizesse aquilo a não ser que acreditasse que o conselho pretendia tomar uma decisão unilateral para me tirar do cargo. Vários sugeriram que eu poderia, como principal acionista, iniciar uma disputa pela substituição. Todos sabíamos que eu teria boas chances de vencer. Mas seria difícil e custoso, e, mesmo que eu vencesse, a companhia poderia ser mortalmente ferida durante a campanha.

Naquela tarde, após o almoço, comuniquei a Roger que eu ia me aposentar. Percebi que ficou surpreso e muito aliviado. Ele detestava confrontações, e minha decisão evitava aquele que prometia ser o maior confronto de sua vida. Duas semanas depois, em junho de 2002, o conselho aceitou minha proposta de aposentadoria. Eu me senti em paz comigo mesmo pela primeira vez em nove meses. Escrevi uma carta e me retirei da companhia que amava.

Queridos amigos,

Hoje solicitei aos colegas do conselho que me concedessem aposentadoria do cargo de presidente da AES. Eles atenderam a minha solicitação e me agraciaram com o novo título de co-fundador e presidente emérito. Isso vai mudar em muito meu papel, mas não vai diminuir o amor por esta companhia e pelas pessoas maravilhosas que aqui trabalham. Planejo permanecer no conselho da AES e fazer tudo que a nova equipe de dirigentes e outros membros do conselho desejem de mim, para ajudar a tornar bem-sucedidas a equipe e a companhia.

Desde setembro do ano passado, quando perdemos ganhos e desapontamos tantos investidores com nosso mau desempenho, a idéia de me afastar após mais de vinte anos de serviço tem estado em minha mente. Foram necessários quase nove meses para que eu me sentisse confortável para dar esse grande passo. A maioria de vocês sabe que não sou de desistir, e não desejava abandonar o navio quando a companhia lutava tanto.

Nos últimos meses fortalecemos imensamente nossa situação de liquidez e empreendemos outras ações rumo à recuperação. Agora que Paul Hanrahan, cuja escolha tem participação minha, vai presidir a companhia, chegou o momento em que eu posso partir.

Uma parte importante das razões para que eu me aposente agora está em que a AES precisa, hoje, de um tipo de liderança diferente daquele que foi o melhor no passado. O mundo mudou, e especialmente nosso ramo de negócios, e a AES precisa adequar-se a esse novo estilo de vida. Embora seja orgulhoso o suficiente para acreditar que poderia me adaptar, isso não seria o mais adequado para meus talentos. Gosto de pensar em mim mesmo como um construtor, um visionário (nem sempre com visão 20/20, como vocês sabem) e um professor.

O necessário para o futuro que se prevê são líderes mais inclinados para a eficiência, a disciplina, a responsabilidade e o controle. Além disso, tentei insuflar minha vida nas pessoas da AES, especialmente seus dirigentes, incluindo Paul, nos últimos dez a dezoito anos. Creio que ele e os demais integrantes da equipe de liderança só poderão alcançar seu potencial máximo se eu me afastar. Roger Sant fez isso por mim há oito anos e meio, e agora estou seguindo seu exemplo.

Soma-se a isso o fato de que, ao me retirar do papel de presidente neste momento, desejo dar o exemplo do tipo de prestação de contas que se espera de um líder. O desempenho econômico da AES nos últimos anos tem sido terrível. Como seu dirigente, assumo total responsabilidade e tomo essa decisão de partir.

Mesmo tendo refletido a respeito dessa mudança por algum tempo, ainda não cheguei a uma conclusão definitiva a respeito do que vou fazer no futuro, além das minhas limitadas funções como um diretor do conselho da AES. Algumas das minhas idéias são:

- Buscar outra companhia ou organização governamental que precise do tipo de liderança que posso oferecer.
- Passar definitivamente mais tempo com meus filhos e especialmente com minha esposa, Eileen.
- Possivelmente escrever um livro a respeito de administração organizacional baseada em princípios.
- Talvez ensinar e/ou participar de outro conselho diretor.
- Dedicar mais tempo a nossas fundações familiares.
- Ou talvez, até, seguir o extravagante desejo de toda a minha vida e tornar-me treinador de futebol.

Existiram, é claro, tensões na família AES durante esse tempo. Tenho certeza de que alguns de vocês as sentiram, enquanto os dirigentes da AES e os membros do conselho tentavam lidar com as principais mudanças enfrentadas pela companhia. Por favor, acreditem no melhor a respeito das pessoas envolvidas nesses esforços e das decisões que deles resultaram.

Todos tentamos visualizar o que seria melhor para a AES, especialmente os participantes do conselho. Em tempos como esses, o papel do conselho é assegurar que a companhia enfrente a realidade de mercado e faça o necessário para se manter nos trilhos que levam ao futuro. Cada um dos membros do conselho fez o possível e o impossível para dirigir a companhia de forma eficiente durante esse período.

Sou extremamente grato pelos últimos 21 anos e pelos incríveis relacionamentos que construí. Principalmente digna de nota foi, naturalmente, minha parceria com Roger Sant. Por termos visões de mundo muito diferentes, o tipo de laço que formamos constitui quase um milagre, e perdurou além de todas as tentativas para que se desfizesse. Considero igualmente preciosos a equipe sênior de liderança, o grupo de gerentes, os dirigentes comerciais e as 35 mil pessoas que tornaram essa jornada tão gratificante e prazerosa.

Finalmente, continuo comprometido com a crença de que cada pessoa quer ser parte de uma causa e servir ao mundo e que companhias economicamente robustas e baseadas em princípios éticos estão entre os principais ingredientes para tornar o mundo melhor. Agradeço a Deus por me dar os amigos, a coragem, a sabedoria e a força para que eu tentasse realizar tudo isso na AES – com paixão, com humildade e com amor.

Algumas semanas mais tarde, fui convidado para um jantar de comemoração por meus 21 anos de AES. Os trinta principais dirigentes da companhia estavam presentes. Seguindo a ordem de admissão na companhia, cada um se levantou para um brinde, com algumas das mais belas palavras que já tive o privilégio de ouvir. Nunca esquecerei o sentimento de apoio e amor manifestado por meus amigos e colegas.

Quando chegou minha vez de falar, eu lhes agradeci a jornada encantadora que tornaram possível para mim. Encorajei-os a viver segundo os princípios da AES, inclusive defendendo a criação e manutenção do ambiente de trabalho mais prazeroso de todos os tempos.

O recomeço

A aposentadoria me deu tempo para refletir e escrever este livro. Ela não acabou com minha paixão por buscar o real propósito dos negócios e por continuar minha cruzada pelo prazer no ambiente profissional.

Meu amigo Bill Walton, presidente da Allied Capital, uma grande firma de títulos privados sediada em Washington, foi o primeiro a sugerir que eu pensasse em uma companhia para administrar escolas. Ele acreditava que isso casaria bem com minha compreensão a respeito do propósito dos negócios. Escolas eficientes exigem quadros de pessoas motivadas por algo mais do que altos salários. Será que um ambiente profissional que eliminasse a burocracia e descentralizasse o poder ajudaria?

Os jornais estão repletos de histórias a respeito de escolas urbanas que falham academicamente não conseguem imprimir nos alunos traços éticos e positivos de personalidade nem conduzir uma administração economicamente sustentável. Os desafios que nossas escolas apresentam são imensos. Fui atraído. Quando Eileen, educadora por toda a vida, concordou em se unir a mim na aventura, a Imagine Schools nasceu.

A Imagine Schools opera escolas do tipo *charter*, um modelo diferenciado de escolas públicas que existe nos Estados Unidos. Catorze estados aprovaram leis que dão a organizações privadas a oportunidade de instalarem e operarem escolas *charter* financiadas pelo governo. O montante dos fundos recebidos depende do número de alunos.

A vantagem de uma escola *charter* é ser localmente controlada (como as escolas particulares independentes). Em geral, pode contratar e demitir os professores e outros funcionários, além de controlar seu próprio orçamento. Entretanto, deve alcançar e superar todos os padrões acadêmicos das escolas públicas tradicionais. Na maioria dos estados norte-americanos, as escolas *charter* recebem menos dinheiro por aluno do que as escolas tradicionais.

Em junho de 2004 a Imagine Schools adquiriu a Chancellor Beacon Academies, formando assim uma das maiores companhias de escolas *charter* nos Estados Unidos. A companhia administra cerca de setenta escolas de ensino fundamental e médio em quarenta *campi* em nove estados e no distrito de Colúmbia, servindo perto de 20 mil estudantes.

O desempenho acadêmico dos antecessores e concorrentes privados da Imagine Schools tem sido bastante bom, especialmente considerando-se que atendem a uma parcela desproporcional de alunos vindos das classes mais baixas. O desempenho econômico, no entanto, tem sido abissal. A maioria das companhias perdeu quantias significativas do capital investido.

O sucesso, como definido aqui, não é uma certeza. Sei que nossa equipe de líderes vai fazer tudo o que for razoável para criar um ambiente que possibilite realizações acadêmicas, desenvolvimento do caráter e sustentabilidade econômica – e procurará operar dentro dos princípios éticos representados pela integridade, pela justiça e por um ambiente de alegria no trabalho.

APÊNDICE

Estudo de caso: AES

"As duas pessoas que fundaram a Applied Energy Services [Serviços de Energia Aplicada] (AES), em 1982, lançaram seu empreendimento com um objetivo que soava modesto. Elas não pretendiam ganhar milhões, mudar o mundo com um produto novo nem ver seus nomes nas manchetes. Queriam simplesmente construir uma empresa da qual pudessem se orgulhar. Isso era claro mesmo antes que soubessem exatamente o quê a companhia ia fazer. Os fundadores desejavam uma companhia que valorizasse as pessoas e agisse com responsabilidade, que fosse justa e honesta em sua abordagem não apenas em relação aos clientes, fornecedores e funcionários, mas à sociedade maior em que vivemos. Se acontecesse de auferirem lucros, melhor. Mas esse não era seu objetivo – eles estavam mais preocupados com o tipo de companhia que construiriam do que com sua linha de base. Para pequena surpresa de alguns e perplexidade de muitos, foram capazes de obter ambas as coisas".

Início dos anos 1970	Os fundadores da AES (Roger Sant e Dennis Bakke) se conhecem na Administração Federal de Energia, onde lideraram os programas governamentais de economia durante a crise de energia do início dos anos 1970.
1977 a 1981	Sant e Bakke tiveram a idéia da companhia enquanto escreviam um estudo para o Instituto Mellon da Universidade

	Carnegie Mellon. O estudo resultou em um livro: *Creating Abundance: The Least Cost Energy Strategy* [Gerando abundância: A estratégia de energia a custo mínimo]. O estudo advoga a separação entre a geração de eletricidade e sua distribuição. Os autores acreditam que, se a geração de eletricidade não fosse de propriedade ou administração do governo, a competição entre os proprietários privados reduziria o preço para os consumidores e aperfeiçoaria a eficiência e os serviços.
Setembro de 1980	Sant e Bakke planejam a nova companhia durante uma viagem de carro entre Annapolis e Washington D.C.
Janeiro de 1982	A AES é constituída, com um empréstimo de 60 mil dólares tomado com a garantia dos diretores. Logo em seguida, eles atraem 1 milhão de dólares de outros investidores, inclusive alguns familiares.
Março de 1983	A primeira declaração de "valores compartilhados" é desenvolvida e defendida durante um retiro da corporação.
Dezembro 1983	A primeira usina de produção de energia da companhia consegue financiamento. É uma instalação de 181 milhões de dólares em Houston, Texas. O combustível da usina é feito a partir de coque de petróleo, subproduto de uma refinaria próxima.
1986	Uma força-tarefa especial faz recomendação contrária ao desenvolvimento de uma grande equipe corporativa para assuntos de pessoal; em lugar disso, o assunto de recursos humanos passa a fazer parte de cada função de linha das unidades.
1987	É introduzido o sistema Colméia de equipes autogerenciadas. Esse ambiente profissional radicalmente diferente enfatiza a abertura. É horizontal, não hierárquico. A tomada de decisões é descentralizada, e os gerentes não dão ordens nem decidem por si. Os funcionários recebem salário cheio, e não pagamento por horas trabalhadas. Todos são considerados empreendedores.
Até 1990	A companhia possui e opera instalações produtoras de energia independentes, novas ou reformadas, na Califórnia,

	em Connecticut, no Havaí, em Oklahoma, na Pensilvânia e no Texas.
1991	A AES abre o capital com uma declaração de que os valores compartilhados são mais importantes do que os lucros. O preço inicial das ações é de 19,25 dólares por cota (2,78 dólares quando ajustado para frações). As ações são comercializadas inicialmente na Nasdaq e mais tarde na Bolsa de Nova York.
1992	Um grupo bem organizado de cidadãos força a AES a vender uma usina em construção na Flórida para um concorrente. Na usina de Shady Point, Oklahoma, técnicos da AES falsificam relatórios ambientais enviados à Agência de Proteção Ambiental. O preço das ações cai 57%, para 17 dólares.
1992	A AES começa a construção de uma usina de energia alimentada por gás natural na Inglaterra e compra diversas usinas na Irlanda do Norte. São os primeiros empreendimentos da companhia fora dos Estados Unidos.
1992	Sant e Bakke são nomeados conjuntamente Empresários do Ano por Responsabilidade Social, em Washington.
Início dos anos 1990	A AES inicia operações na África do Sul, Argentina, Austrália, Bangladesh, Brasil, Camarões, Canadá, Cazaquistão, Chile, China, Colômbia, El Salvador, Geórgia, Holanda, Hungria, Índia, Itália, México, Nigéria, Omã, Paquistão, Panamá, Qatar, República Tcheca, República Dominicana, Sri Lanka, Tanzânia, Ucrânia e Uganda.
1994	Bakke se torna presidente da AES.
1995	O "processo de aconselhamento" substitui as aprovações convencionais para a maioria das decisões importantes da corporação.
1995	A AES se associa a diversas outras companhias na compra da concessionária que fornece energia para o Rio de Janeiro, no Brasil, e mais tarde da concessionária e muitas das usinas hidrelétricas que abastecem São Paulo.
1996	A companhia decide superar suas próprias dúvidas em relação a seu tamanho, e questões relativas a imagem, adi-

	cionando "The Global Power Company" (Empresa Global de Eletricidade) a seu nome.
Até 2000	A AES produz mais de 50 000 megawatts de potência. Poucas instalações no mundo têm mais capacidade geradora. A companhia opera em 31 países, emprega mais de 40 mil funcionários, tem 33,7 bilhões de dólares em ativos e atende à demanda de eletricidade de mais de 100 milhões de pessoas. A corporação também possui ou administra dezessete companhias de distribuição de eletricidade, em todo o mundo.
Setembro de 2000	Bakke é nomeado Executivo do Ano pela ING Barings for Worldwide Emerging Markets.
Outubro de 2000	As ações da AES batem o recorde de 70,62 dólares por cota.
2001	A companhia adquire a usina que serve Peoria e municípios vizinhos, em Illinois. Pouco tempo depois, adquire a usina que abastece Indianápolis, Indiana.
2001	As companhias de eletricidade são seriamente afetadas pelas condições ruins do mercado. A Enron e outros concorrentes entram em colapso. A AES apresenta resultados econômicos fracos. O preço das ações cai mais de 50 dólares por cota.
2002	Em fevereiro o preço das ações da AES cai para menos de 5 dólares.
Junho de 2002	Bakke se aposenta; Paul Hanrahan torna-se presidente.

Amostras de questões das pesquisas sobre valores e princípios corporativos da AES

Pesquisa de 1999

Em que grau você acredita comunicar, em palavras e atos, os valores/princípios da AES? Por favor, explique sua resposta.

Em sua opinião, em que grau seus colegas vivem e comunicam os valores/princípios da AES?

Em sua opinião, em que grau os dirigentes vivem e comunicam os valores/princípios da AES?

Qual é o maior problema que você experimenta em relação aos valores/princípios compartilhados da AES? Por quê?

Pesquisa de 1997

Se tivesse de fazer tudo de novo, você se candidataria a um emprego na AES? Por quê?/Por que não?

Como você classificaria seu nível de confiança nos dirigentes da AES? Por quê?

Pesquisa de 1996

Quão à vontade você se sentiria para expressar sua opinião dentro da AES se discordasse de uma decisão da empresa? Por quê?

Em algumas situações, fazer o que é certo e obter lucros não são a mesma coisa. Pelo que já ouviu e observou, você acredita que em situações assim as pessoas da AES escolhem o que é consistente com os princípios da companhia, e não o que proporciona lucros? Por quê?

Diversas usinas da AES optaram mudar da abordagem de remuneração de horas trabalhadas mais horas extras para um sistema em que todos são remunerados com base em um salário cheio, sem pagamento de horas extras. Qual sua opinião a respeito deste sistema de remuneração?

Como a AES está se saindo em sua missão de zelar pelos recursos e nutrir relacionamentos que ajudem a atender à necessidade mundial de eletricidade segura, limpa, confiável e econômica?

Pesquisa de 1995

Que classificação você daria para a AES como empregadora, em comparação com as outras companhias para as quais já trabalhou ou das quais ouviu falar?

Quanta informação você acha que as pessoas da AES recebem em relação aos desenvolvimentos da companhia?

Com base naquilo que observou na AES, com que freqüência você acredita que os interesses de *todos* os parceiros (isto é, pessoal AES, clientes, fornecedores, acionistas, governos, comunidades) são levados em consideração quando das tomadas de decisão?

Como você acha que estão se saindo as pessoas da AES em toda a companhia no que se refere aos quatro princípios *(gosto pelo trabalho, imparcialidade, integridade e responsabilidade social)* listados abaixo?

Qual seu grau de satisfação com as ações e/ou respostas da AES no que se refere às preocupações expressas na pesquisa do ano passado?

BIBLIOGRAFIA

AUTRY, James A. *Love and Profit: The Art of Craing Leadership*. New York: Avon Books, 1991.

BECKETT, John D. *Loving Monday: Succeeding in Business Without Selling Your Soul*. Downers Grove, IL: InterVarsity Press, 1998.

BEHR, Peter. "Power Surge: Global Market to Test AES's Risk-Based Style". *The Washington Post*. Dec. 18, 2000, E1.

BERMAN, Phyllis. "Throwing Away the Book." *Forbes*. Nov. 2, 1998, 174-181.

BHIDE, Amar V.; STEVENSON, Howard H. "Why Be Honest if Honesty Doesn't Pay?" *Harvard Business Review*. September 1990, 121-129.

BLAIR, Margaret M. *Ownership and Control: Rethinking Corporate Governance for the Twenty-First Century*. Washington, D.C.: The Brookings Institution, 1999.

BLANCHAR, Kenneth; PEALE, Norman Vincent. *The Power of Ethical Management*. New York: William Morrow and Company, Inc., 1988.

BLOCK, Peter. *The Answer to How is Yes: Acting on What Matters*. San Francisco: Berrett-Koehler Publishers, 2002.

———. *Stewardship – Regência/Gerência*. Rio de Janeiro: Record, 1995.

BRINER, Bob; PRITCHARD, Ray. *More Leadership Lessons of Jesus: A Timeless Model for Today's Leaders*. Nashville: Broadman & Holman Publishers, 1998.

———. *The Leadership Lessons of Jesus: A Timeless Model for Today's Leaders*. Nashville: Broadman & Holman Publishers, 1997.

BUFORD, Bob. *Half Time: Changing Your Game Plan From Success to Significance*. Grand Rapids: Zondervan, 1994.

Burr, Michael T. "Executive of the Year, Dennis Bakke, AES". *Independent Energy*. November 1998, 20-28.

Case, John. "When Salaries Aren't Secret". *Harvard Business Review*. May 2001, 37-49.

———. *Open-Book Management: The Coming Business Revolution*. New York: HarperBusiness, 1995.

Chappell, Tom. *The Soul of a Business: Managing for Profit and the Common Good*. New York: Bantam Books, 1993.

Collins, Jim. *Good to Great: Why Some Companies Make the Leap ...and Others Don't*. New York: HarperBusiness, 2001.

Conroy, Pat. *My Losing Season*. New York: Nan A. Talase/Doubleday, 2002.

Covey, Stephen. *Os Sete Hábitos das Pessoas Altamente Eficazes*. 23 ed. São Paulo: Best Seller/Franklin Covey, 2005.

Crane, Christopher A.; Hamel, Mike. *Executive Influence: Impacting your Workplace for Christ*. Colorado Springs: NavPress, 2003.

Cruver, Brian. *Anatomy of Greed: The Unshredded Truth From an Enron Insider*. New York: Carroll & Graf Publishers, 2002.

De Pree, Max. *Leading Without Power: Finding Hope in Serving Community*. San Francisco: Jossey Bass, 1997.

———. *Leadership Jazz*. New York: Currency/Doubleday, 1992.

Drucker, Peter. *Sociedade Pós-capitalista*. São Paulo: Thomson Learning, 2001.

Druckerman, Pamela. "How to Project Power Around the World". *The Wall Street Journal*. Nov. 13, 2000, A23.

Eastland, Terry. "This is Not Ours: Good Stewards Hold All Things Lightly". *The Washingtonian*. July 1992, 31-34.

Griffiths, Lord Brian of Fforestfach. "The Business of Values". Hansen-Wessner Memorial Lecture, Peter F. Drucker Graduate School of Management, Claremont, CA, 1996.

Grimsley, Kirstin Downey. "The Power of a Team". *The Washington Post*. Feb. 12, 1996, Washington Business section, 12-14.

Guiness, Oz. *The Call: Finding Purpose and Fulfilling the Central Purpose of Your Life*. Nashville: World Publishing, 1998.

HAMILTON, Martha M. "The Principles Behind Its Power". *The Washington Post.* Nov. 2, 1998, F12.

HUNTER, James C. *O Monge e o Executivo: uma história sobre a Essência da Liderança.* Rio de Janeiro: Sextante, 2004.

HURST, James Willard. *The Legitimacy of the Business Corporation in the Law of the United States, 1780-1970.* Charlottesville: The University Press of Virginia, 1970.

JACOBS, Jane. *Cities and the Wealth of Nations: Principles of Economic Life.* New York: Vintage Books, 1985.

JENNINGS, Ken; STAHL-WERT, John. *The Serving Leader: 5 Powerful Actions That Will Transform Your Team, Your Business and Your Community.* San Francisco: Berrett-Koehler Publishers, 2003.

KNEPER-TREGOE Business Issues Research Group. *Decision Making in the Digital Age: Challenges and Responses.* Executive Summary, December 2000.

KROEKER, Wally. *God's Week Has 7 Days: Monday Musings for Marketplace Christians.* Waterloo, Ontario, Canada: Herald Press, 1998.

LEBOW, Rob; Spitzer, Randy. *Accountability: Freedom and Responsibility Without Control.* San Francisco: Berrett-Koehler Publishers, 2002.

MAHEDY, William; CARSTENS, Christopher. *Starting on Monday: Christian Living in the Workplace.* New York: Ballentine/Epiphany, Ballentine Books, 1987.

MANZ, Charles C.; SIMS JR., Henry P. *Company Heroes: Unleashing The Power of Self-Leadership.* New York: John Wiley & Sons, 1995.

______. *Business Without Bosses: How Self-Managing Teams Are Building High-Performance Companies.* New York: John Wiley & Sons, 1993.

MARKELS, Ken. "Power to People". *Fast Company.* February/March 1998, 155-165.

MELROSE, Ken. *Making the Grass Greener on Your Side: A CEO's Journey to Leading by Serving.* San Francisco: Berrett-Koehler Publishers, 1995.

MILLER, Calvin. *The Empowered Leader: 10 Keys to Servant Leadership.* Nashville: Broadman & Holman Publishers, 1995.

MONKS, Robert A. G.; MINOW, Nell. *Corporate Governance.* Cambridge: Blackwell Business, 1995.

NAISBITT, John. *Macrotendências.* Lisboa: Editorial Presença, 1996.

NOVAK, Michael. *Business as a Calling: Work and the Examined Life.* New York: Free Press, 1996.

OSTER, Merrill J.; HAMEL, Mike. *Giving Back: Using Your Influence to Create Social Change*. Colorado Springs: NavPress, 2003.

PAINE, Lynn Sharp. *Value Shift: Why Companies Must Merge Social and Financial Imperatives to Achieve Superior Performance.* New York: McGraw-Hill, 2003.

PAINE, Lynn Sharp; MAVRINAC, Sarah. "AES Honeycomb (A)". nº 9-395-132. Harvard Business School, Harvard University, Cambridge, MA, 1995.

PERCY, Anthony G. "The Meaning of Entrepreneurial Work and the Modern Corporation as a Communion of Persons: A case Study of the AES Corporation in Light of the Principles in *Laborem Exercens and Centesimus Annus*". Diss., Pontifical John Paul II Institute for Studies on Marriage and Family, 2001.

PETERS, Thomas J.; WATERMAN JR., Robert H. *In Search of Excellence: Lessons from America's Best-Run Companies.* New York: Warner Books, 1982.

PFEFFER, Jeffrey; SUTTON, Robert I. *The Knowing-Doing Gap: How Smart Companies Turn Knowledge Into Action*. Boston: Harvard Business School Press, 2000.

PFEFFER, Jeffrey. *The Human Equation: Building Profits by Putting People First.* Boston: Harvard Business School Press, 1998.

——. "Human Resources at the AES Corporation: The Case of the Missing Department". Graduate School of Business, Stanford University, Stanford, CA, 1997.

______. *Competitive Advantage Through People: Unleashing the Power of the Work Force.* Boston: Harvard Business School Press, 1994.

——. *Managing With Power: Politics and Influence in Organizations,* 1992.

POLLARD, C. William. *The Soul of the Firm.* Grand Rapids: Harper Business and Zondervan Publishing House, 1996.

POWELL, Susan. "The Master's Joy: Dennis and Eileen Bakke's Unusual Wealth". *Regeneration Quarterly 4:4.* 1998.

POWER TRIP. Produzido e dirigido por Paul Devlin. 86 minutos. Paul Devlin, Films Transit, Alpha CineLabs, Artistic License Films, 2003. VHS e DVD.

ROBINSON, William P. *Leading People From the Middle: The Universal Mission of Heart and Mind*. Provo, Utah: Executive Excellence Publishing, 2002.

RUSH, Myron. *Management: A Biblical Approach*. Wheaton, IL: Victor Books, 1987.

RYSER, Jeff. "Camelot Revisited". *Global Energy Business*. January/February 2000.

SPITZER, Robert J. *The Spirits of Leadership: Optimizing Creativity and Change in Organizations*. Provo, Utah: Executive Excellence Publishing, 2000.

SPROUL, R. C. *Stronger Than Steel: The Wayne Alderson Story*. New York: Harper & Row, 1980.

SUTHERLAND, Daniel. "AES Corp. Has the Money, So Pakistan Gets the Power: Arlington Firm's Plants to Serve 10 Million". *The Washington Post*. May 17, 1995, F1.

TERRY, Roger. *Economic Insanity: How Growth-Driven Capitalism Is Devouring the American Dream*. San Francisco: Berrett-Kohler Publishers, 1995.

WATERMAN JR., Robert H. *What America Does Right: Learning From Companies That Put People First*. New York: W. W. Norton & Company, 1998.

——. *Adhocracy: The Power to Change*. New York: W. W. Norton & Company, 1996.

_____. *The Frontiers of Excellence: Learning From Companies That Put People First*. Londres: Nicholas Brealey Publising, 1994.

——. *The Renewal Factor: How the Best Get and Keep the Competitive Edge*. New York: Bantam Books, 1987.

WEBER, Bruce. "The Myth Maker: The Creative Mind of Novelist E. L. Doctorow". *New York Times Magazine*. Oct. 20, 1985, 42.

WETLAUFER, Suzy; WILLIAMS, Patricia Lloyd. "Organizing for Empowerment: An Interview with AES's Roger Sant and Dennis Bakke". *Harvard Business Review*. January/February 1999.